움직이는 정원

움직이는 정원

1판 1쇄 발행 | 2025년 11월 17일

지은이   전현주
발행인   이선우
펴낸곳   도서출판 선우미디어
         등록 | 1997. 8. 7 제305-2014-000020
         02643 서울시 동대문구 장한로12길 40, 101동 203호
         ☎ 2272-3351, 3352 팩스: 2272-5540
         sunwoome@daum.net
         Printed in Korea ⓒ 2025. 전현주

15,000원

※ 이 책은 충청북도 충북문화재단 예술창작활동 지원사업 지원금으로 제작되었습니다.
※ 잘못된 책은 바꿔 드립니다.
※ 저자와 협의하여 인지를 생략합니다.
※ 저작권법에 따라 무단 전재와 복제를 금합니다.

ISBN 978-89-5658-811-7 03810

움직이는 정원

삶의 향기 가득한 정원으로의 초대

전현주 에세이

차례

발문
반숙자 | 문학이 향기가 되는 순간 · 227

1. 바보의 조건

가장 시원한 여름 · 11
바보의 조건 · 14
달은 네 박자 · 22
눈이 내리네 · 25
둥지 · 29
고맙다. 첫사랑 · 33
아버지의 선물 · 35
보이지 않아도 · 39
배냇 파마 · 42
할머니의 손맛 · 46
텔레파시 · 50

2. 어머부인

게릴라 가드너 · 57

어머부인 · 60

남편의 슬기로운 취미 생활 · 64

염치 · 68

숨숨집 · 71

꽃 도둑 · 75

냉이 · 78

솎아내기 · 81

아름다운 밭 · 84

움직이는 정원 · 88

지지 않는 꽃 · 92

너구리 · 95

3. 산딸기

살생의 기억 · 101

8월의 크리스마스 · 105

첫눈 · 109

MBTI · 112

달과의 추억 · 116

베로니카 · 120

산딸기 · 124

생명나눔 · 129

유 선생님을 기억하며 · 133

작은 교회 · 136

4. 그림 같은 세상

그림 같은 세상 · 141
꽃순이들 · 144
이름을 적으며 · 147
다시 동화의 나라로 · 151
나와의 여행 · 154
열 번 아니 백 번 · 157
나만의 사과 · 160
책 읽어 주는 여자 · 163
예정된 만남 · 166
나무가 있던 자리 · 170
디카시 · 175
따뜻한 겨울 · 178
수놓은 듯이 · 181
여행이 지나간 자리 · 184

5. 2월 30일

7년 · 189
강제 휴식 · 191
2월 30일 · 194
아버지가 사는 곳 · 198
가장 빛나던 시절 · 202
감시 카메라 · 205
긴 여행 · 210
문 · 214
속담 짓기 · 219
카니발 · 224

1.

바보의 조건

밤사이 눈이 펑펑 내렸는데
아침에 나가보니
누군가 내 차에 바보라고 낙서해 놓았다.
바보라고….
이 사람은
내가 바보였던 것을 어떻게 알았을까?

가장 시원한 여름

 이렇듯 더운 해가 있었던가. 연일 불볕더위에 열대야는 기록 대행진이다. 6월부터 심상치 않게 시작된 더위가 8월이 다 가도록 기세등등하다. 밤에라도 살짝 기온이 내려가면 좋으련만 조금도 쉬지 않고 밤낮으로 더우니 은근히 두려운 생각마저 든다. 만나는 사람마다 날씨 이야기요 농사 걱정이다. 이맘때면 요란하던 매미 울음소리도 올해는 왠지 맥이 없게 느껴진다. 갑자기 저 매미의 후손들이 지상으로 올라올 7년 후가 걱정되는 것은 괜한 기우일까? 가끔 기운차게 소나기가 쏟아질 때가 있는데 무슨 연유에선지 채 10분을 넘기지 못하고 그쳐 버린다. 달아오를 대로 달아오른 대지 위에 뿌려진 빗방울은 열기를 식혀주기는커녕 즉시 한증막 수증기처럼 피어올라 숨을 턱 막히게 한다.
 올해는 유난히 풀도 무성해서 요 며칠 뒤늦은 제초 작업을 하느라 몇 배로 고생이다. 정원의 꽃과 키 작은 나무들은 이미 풀에 갇혀 보이지 않는다. 라임라이트 수국과 핑크 아나벨 수국은 꽃이 핀 채로 야생 콩 넝쿨에 꽁꽁 묶여 마치 낯선 나무처럼 보인다. 풀이 뽑혀 나간 자리마다 햇빛을 못 봐 녹아가던 화초들이 해쓱한 모습을 드러낸다. 조금만 더 늦었더라면 다시는 만나지 못했을 것 같다. 다행히 모기는 다른 해에 비해 덜 극성인데 아마도 장구벌레가 서식할 물웅덩이조차 바싹 말라버렸기 때문이리라.

파라솔 테이블 위에 올려 둔 핸드폰이 계속 울린다. 일을 중단하기가 번거로워 몇 번을 미루다가 잠시 쉴 요량으로 전화를 받았다. 급히 송금할 일이 생겼다. 장갑을 벗고 은행 앱을 열다가 아차! 얼마 전 전화기를 교체하면서 인증 방식을 지문에서 안면으로 바꾼 것이 생각났다.

별생각 없이 얼굴을 화면에 비추었으나 인식이 안 되었다. 대충 땀을 닦고 다시 시도했지만, 열리지 않는다. 모자를 쓰고 열이 올라 벌게진 얼굴 때문인 듯했다. 순식간에 다섯 번 중 두 번의 기회를 날렸다. 일을 멈추고 있는데도 계속 땀이 나 눈으로 흘러 들어간다. 이번에는 모자를 벗고 앞머리를 손으로 빗어 내리고 해보았다. 안 된다. 갑자기 코를 보이게 하라는 안내문이 나온다. 코는 아까부터 잘 보이고 있었는데 무슨 소리인가. 최첨단 기술도 이럴 땐 다 소용없다고 생각하며 다시 심기일전하여 목에 두른 수건까지 벗고 화면을 바라본다. 역시 안 된다. 이제 남은 기회는 단 한 번뿐이다. 마른침을 꼴깍 삼킨다. 그러나 끝까지 해보지 않고는 앱을 열 다른 방법이 없다. 마지막으로 땀을 꼼꼼하게 닦고 어색한 미소를 지어 보았다. 실패다.

도대체 다섯 번이나 안면을 몰수하다니! 부아가 났지만, 어쩔 도리가 없다. 다른 수단으로 바꾸라는 안내에 따라 아예 털썩 자리를 잡고 앉아 인증 방법을 6자리 비밀번호로 변경한다. 인간이 과학에 질질 끌려다니는 느낌이 든다. 더 이상의 발전은 필요 없으니, 그만 멈추라고 외치고 싶다. 어렵사리 송금을 마치고 고개를 들자, 앞산 쪽이 어둑해지며 먹구름이 몰려오고 있다. 순간 대자연의 웅장함이 느껴진다. 미지근한 바람이 몇 차례 휘적거리며 정원을 훑더니 빗방울이 떨어진다. 처마 밑에서 소나기를 피하며 훤해진 꽃밭을 바라본다. 풀을 뽑을 때 뿌리가 흔들렸을 텐데 마침 비까지 와 주어 참으로 다행이다. 비가 내려도 후텁지근한 것은 여전하지만 그래도 마음은 개운하다. 어? 그런데 조금 전 바꾼 비밀번호가 뭐였더라.

누군가는 올해가 가장 시원한 여름일 거라고 이야기한다. 그 말은 내년에는 아니 앞으로 점점 더 더워질 것이고, 심지어 더욱 가속될 것이란다. 자연은 우리에게 끊임없이 경고를 보내고 있는 듯하다. 이 지루한 더위가 예사롭지 않은 까닭이다.

바보의 조건

밤사이 눈이 펑펑 내렸는데 아침에 나가보니 누군가 내 차에 바보라고 낙서해 놓았다. 바보라고…. 이 사람은 내가 바보였던 것을 어떻게 알았을까?

아쉽게도 내 유년의 첫 기억은 우울하다. 네 살 무렵 나는 엄마와 오빠와 함께 버스를 타고 어디론가 가고 있었다. 나는 신발을 벗어 던지고 의자 위에 올라가 크게 소리쳤다.

"엄마! 나무가 뛰어가요! 전봇대가 껑충껑충 달려가고 있어!"

"엄마! 저것 봐, 사람들이 뒤로 걸어가고 있어요."

나는 연신 엄마를 돌아보며 손가락으로 이것저것을 가리키느라 바빴다. 차창 밖으로 휙휙 지나가는 풍경을 보고 흥분하여 소리를 질렀다. 엄마는 자꾸 조용히 하라고 손짓하셨고, 세 살 터울인 오빠는 '이 바보야' 하며 나를 세게 잡아끌어 앉혔던 것 같다. 버스 안에 있는 사람들이 동생을 보고 웃어대니 어쩌면 화가 났었나 보다.

나중에 엄마께 들은 이야기로는 그날은 강원도에서 서울로 이사를 하던 날이었다고 한다. 아빠는 먼저 출발하고 우리는 버스를 타고 뒤따라가는 중이었단다. 엄마의 얘기를 듣다가 문득 그날 엄마는 얼마나 힘이 들었을까 하는 생각이 들었다. 서른 살이 채 안 되었던 엄마가 철부지 아이 둘을 데리고 낯선 도시에 도착하는 날이었으니 그 마음이 오죽했을까. 오래전 나로 인하여 소란스럽던 버스 안에서, 울고 싶어도 울지 못했을 엄마의 안쓰러운 모습이 어렴풋하게 떠오른다. 그리고 그날은 오빠가 나를 처음으로 바보라고 부르기 시작한 날이기도 하다.

이사 온 집에는 작은 마당이 있었다. 고향에서 가져온 씨앗들은 어느 결에 엄마의 구슬가방에서 나와 당당하게 싹을 틔웠다. 분꽃, 깨꽃, 채송화, 봉숭아…. 그리고 천상의 꽃처럼 아름다웠던 글라디올러스가 있었다. 그해 여름, 온 동네 이 집 저 집에 분홍빛 글라디올러스가 피어난 것은 알뿌리를 나눠준 엄마 덕분이었다. 내가 '글라디올러스'라고 꽃 이름을 또박또박 말하면, 동네 아주머니들이 모여 앉아 '글라 디 올 라스'라고 더듬더듬 따라 하며 큰소리로 웃고는 하였다. 엄마도 활짝 웃었는데 내가 기억하는 엄마의 모습 중에서 그때가 가장 아름답고 행복해 보이던 시절이었다.

나는 엄마 곁을 맴돌며 엄마가 호미로 판 구멍에 씨를 넣는 일을 도와주었다. 어떤 씨앗은 한 개, 어떤 것은 두 개, 또 어떤 것은 엉덩이까지 흔들면서 아무렇게나 뿌려야 하는 것도 있었다. 어느 날 내가 예쁜 단추를 꺼내 가지고 나와 심고 싶어 하자 엄마는 작은 구덩이를 파 주었다. 단추 씨앗은 두 개씩 심었다. 반짝이는 단추가 주렁주렁 열려있는 모습을 상상하며 물도 흠뻑 주었다. 그날 이후로 웬일인지 의기충천해진 나는 혼자서도 온갖 것들을 심어대기 시작하였다. 동태찌개를 먹은 날 저녁에는 동태 대가리에서 나온 동그랗고 하얀 씨앗을 심었다. 동태 씨앗은 호박씨보다도 컸기 때문에 한 개씩 심었다. 한참을 서서 고민한 어려운 결정이었다. 아빠는 이런 내 모습을 방에서 내다보다가 잊지 말고 매일 물을 줘야 한다는 당연한 말을 했다.

복숭아씨, 참외씨, 수박씨도 보이는 대로 어린 농부의 손에 잡혀 나와 땅에 심겼다. 엄마는 여기저기서 불쑥불쑥 솟아 나오는 새싹들 때문에 놀라면서도, 아무리 물을 주어도 잎이 나오지 않는 단추 씨앗과 동태 씨앗을 함께 걱정해 주었다. 아빠도 퇴근할 때마다 아직도 싹이 안 났느냐며 묻곤 했는데, 어느 날 오빠가 이 모든 사실을 알아내고는 나를 또 바보라고 놀려대면서 끝이 나고 말았다. 나는 눈물을 뚝뚝 떨어뜨리며 단추와 동태 씨앗을 다시 파내어 한 곳에 묻어 주었다. 그러나 며칠 후 혹시 싹이 났을까 하고 씨앗 무덤을 살펴보다가 오빠에게 들켜버려 두 번째 바보 인증을 제대로 받고 말았다.

오빠는 우스꽝스러운 모자를 쓰고 유치원을 졸업하더니 잔뜩 으스대며 학교로 가버렸다. 그렇지만 나는 여전히 집에서 엄마에게 한글과 숫자를 배우고, 아빠와 '꽃밭에서'를 부르며 놀았다. 아빠는 예비군 노래도 가르쳐 주었다. '어제의 용사들이 다시 뭉쳤다'로 시작하는 그 노래는 두 손을 허리에 얹고 몸을 좌우로 흔들며 씩씩하게 불러야 한다고 했다. 엄마는 그즈음에 여동생을 낳았고, 나는 내 모가치였던 엄마의 사랑을 동생에게 나누어 주느라 힘겨운 나날을 보내게 되었다.

어느덧 나도 학교에 입학하였다. 입학하고 얼마간은 아침마다 운동장에 모여서 동요에 맞춰 율동한 후에 교실로 들어갔다. 학교에서는 예비군 노래 같은 것은 부르지 않았다. 유치원에 다니지 못한 나는 '시계' 노래의 율동을 몰랐다. 다른 아이들이 혀로 똑딱똑딱 소리를 내며 부지런히 손을 움직일 때 우두커니 서 있었다. '둥근 해가 떴습니다.'라는 노래는 오빠의 어깨너머로 배워서 알고는 있었지만, 그나마도 쑥스러워 제대로 따라 하지 못했다. 나는 내가 바보라는 것을 아무에게도 들키고 싶지 않았다. 학교에서는 오빠를 마주쳐도 모른 척할 생각이었다.

큰일이었다. 내일의 준비물 표 칸에 크레용, 색종이, 가위, 풀이라고 적혀있었다. 나는 크레용이 없었다. 오빠의 책상 서랍을 살짝 뒤져보니 오빠도 크레파스뿐이었다. 어쩔 수 없이 크레용은 친구 것을 빌려 써야 할 것 같았다. 크레파스는 집에 잘 두고 대신 색종이와 가위는 가방에 꼭꼭 챙겨 넣었다. 하지만 풀이 문제였다. 선생님은 왜 무슨 풀인지 정확하게 말씀을 안 해 주셨을까? 토끼풀인지 강아지풀인지 도무지 알 수 없었다. 친구들에게 크레용을 빌려 쓰려면 예쁜 풀을 많이 가져가야 할 것 같았다.

다음 날, 교실 앞 화단에서 풀을 뜯고 있는 내 모습을 보고 등교하던 친구들이 하나둘 모여들었다. 친구들은 내 풀을 보고서는 갑자기 당황해하며 허겁지겁 나와 함께 풀을 뜯기 시작하였다. 무슨 풀이 필요한지 정확히 알 수 없으니 여러 가지 풀을 가져가면 좋겠다는 나의 말에 친구들은 모두 고개를 끄덕끄덕하였다. 그 사건으로 인해 나는 1학년 1반의 공식 바보가 되었다.
　그날 이후 나의 눈물겨운 '바보처럼 안 보이기' 작전이 아무도 모르게 시작되었다. 나는 달라졌다. 그때까지도 마음이 급할 때면 번번이 거꾸로 신곤 하던 신발을 반드시 다시 확인하여 똑바로 신었다. 준비물이 헷갈릴 때는 일부러 다급한 순간까지 버티다가 오빠에게 도움을 청했다. 그러면 오빠는 툴툴거리면서도 준비물을 함께 챙겨주었다. 운동장에서 놀다가 아름다운 노을을 바라보며 아무렇지도 않은 표정을 짓고 있기란 정말 힘든 일이었다. 저만치 친구가 지나가도 소리쳐 부르지 않았다. 그리고 늘 뛰어다니던 길을 천천히 걸어 다녔다. 문득 가슴이 답답하여 큰 숨을 몰아쉬거나, 괜히 눈물이 찔끔 비어져 나오는 것 말고는 그럭저럭 견딜만하였다.
　무사히 1학기가 끝나갈 무렵 자연 시간에 선생님은 "기름은 왜 물 위에 뜰까요?" 하고 질문하셨다. 쉬운 문제라고 생각하고 물었는데 아무도 대답을 못 하자 점점 화를 내셨다. 큰 소리로 몇 번을 다그쳐 물으시더니 나중에는 한 사람씩 일으켜 세워가며 묻기 시작하였다. 똑똑한 순서대로 부르는 것 같았다. 누구라도 얼른 답을 알아맞혀 선생님의 화가 풀리셨으면…. 그러나 아이들이 거의 다 일어났다 앉도록 정답은 나오지 않았다. 나는 또다시 바보가 되지 않으려면 오늘은 절대 아무 말도 해서는 안 된다고 생각했다. 다행히 나는 답을 몰랐다. 그때, 선생님이 고개를 까딱 움직여 나를 가리키셨다. 나는 내가 참 이상했다. 방금 했던 결심은 까맣게 잊어버린 채 벌떡 일어나 "네! 가벼워서 뜹니다."라고 큰 소리로 말해 버렸다.

어느새 세상이 변했다. 내가 그토록 싫어하던 바보라는 말은 시나브로 사랑과 존경의 의미를 담은 단어로 뜻이 바뀐 듯하다. 이제는 너도나도 자진하여 바보가 되려 한다. 딸 바보, 아들 바보, 국민 바보, 바보 성자. 급기야 사람들은 바보를 인생의 길잡이로 삼기에 이르렀다. 바보들이 쓴 책들이 인기 도서가 되고 바보 이야기를 담은 영화가 흥행에 성공한다. 완벽한 조건을 갖춘 사람들의 바보짓에 온 국민이 열광하기도 한다. 그야말로 바보가 대세다. 하지만 넘쳐나는 바보 중에서 진실한 바보를 가려내는 것은 쉽지 않은 일이다. 가끔 적용해 보는 나만의 '바보의 조건'이 있다.

우선 바보는 마음이 편안하다. 바보는 자기 몫이 적어져도 화를 내거나, 남보다 더 많이 차지하기 위해 머리를 쓰지 않는다. 오히려 함께 가지게 되어 기뻐한다. 그 의도와 과정이 순수하기에 결과에는 그다지 관심이 없다. 하지만 엄마가 이웃에게 알뿌리를 나눠 준 후 더 많은 사람이 꽃을 볼 수 있게 된 것처럼 감동적이고 극적인 결말일 때가 많다.

바보는 당당하다. 바보는 다른 사람의 눈치를 보지 않는다. 남을 부러워하거나 시샘하지 않는다. 낯선 곳에 뿌려도 씩씩하게 싹을 틔우는 꽃씨들처럼, 제 곁에 핀 꽃이 아무리 아름다워도 성실하고 기쁘게 자신의 싹을 키워낸다. 설사 어쩔 수 없이 실패하더라도 최선을 다했기에 후회가 없다.

바보는 즐겁다. 그래서 잘 웃는다. 바보에게는 그가 어디에서 무엇을 하든지 영화의 주인공처럼 배경음악이 깔린다. 그것이 바보가 늘 흥얼거리는 이유다. 곁에 있는 사람이 듣지 못하는 것을 보면 그 음악은 귀로 듣는 소리는 아닌 듯하다. 가끔 다음 구절을 불쑥 이어서 부르는 사람을 만날 때가 있는데 그렇다면 그 사람도 바보일 가능성이 크다. 바보는 뛰어가는 나무가 즐겁고, 엄마의 구슬가방과 단추 나무와 동태 씨앗이 즐겁다. 붉은 노을과 물 위에 뜨는 기름이 즐겁다.

그날 내가 엉터리 답을 말해 버렸을 때 선생님은 이렇게 말씀했다.
"인제 보니 우리 반 바보가 제일 똑똑하구나."

그리하여 나는 평생 이도 저도 아닌 얼치기 바보로 살게 되었다.

나는 요즘도 여전히 뛰어다니고, 노을을 맞닥뜨리면 입을 다물지 못한다. 뿌옇게 흐린 밤에는 가섭산 정상의 송신소 불빛을 UFO로 착각하고 혼자 깜짝깜짝 놀란다. 남들이 모두 마다하는 일을 덜컥 맡아서 고생하고, 시장에서 주인이 시든 채소를 담아 주어도 못 본 척 그냥 받아온다. 남들이 볼 땐 영락없는 바보다. 그러나 나는 가짜 바보다. '바보의 조건'으로 채점해 본 결과 점수가 턱없이 모자라 오늘도 탈락했다. 진짜 바보라면 자신을 스스로 점수 매겨 보는 일 따위는 하지 않을 텐데…. 아름다웠던 바보 시절로 퍽 돌아가고 싶은가 보다.

달은 네 박자

자동문이 열리면서 카페 안에 갇혀있던 음악이 연기처럼 쏟아져 나온다. 아들의 노래다. 아니 아들이 만든 곡이다. 가끔 지인들이 뜻밖의 장소에서 아들의 노래를 들었다는 말은 했지만, 밖에서 내가 직접 접해 보기는 처음이었다. 노래는 이미 중반을 지나고 있었다. 음료를 주문하고 자리를 잡아 앉는 동안 노래는 어느새 다른 곡으로 바뀌었다. 그러나 우연히 아들을 만난 듯한 반가움의 여운은 한참 동안 쉬 가라앉지 않았다.

아이들에게 피아노를 가르치기 시작한 시기는 막 귀촌하여 형편이 너무도 안 좋았을 때였다. 모든 환경이 낯설고 힘들었지만 쪼개고 쪼개 피아노부터 샀다. 우리는 커다란 피아노를 덜컥 들여놓고 오랫동안 버겁게 할부를 갚으면서도 마음 한편이 늘 아름찼다. TV는 실외 안테나를 통해 보고 인터넷을 모뎀으로 하던 시절이었으니 피아노는 아이들의 좋은 친구이자 장난감이 되었다. 아랫마을 아이들까지 모여와 종일 뚱땅거리면 시끄러운 피아노 소리에 정신이 하나도 없었다.

피아노 학원에 가려면 차를 타고 괴산 읍내까지 데려다줘야 했다. 아이들에게 엄마가 직접 악기를 가르칠 수 있었다면 얼마나 좋았을까. 그럴 때마다 오래전 피아노를 포기한 것이 두고두고 후회되었다. 나는 음악에 소질이 없었다. 갑자기 더 이상 실력이 늘지 않았다. 그러면서도 아이들에게 피아노를 접할 수 있게 한 이유는 음악을 통해 세상의 아름다움을 느끼며 살게 해주고 싶어서였다. 마음이 허전하고 쓸쓸할 때나 좌절하여 위로가 필요할 때 아이들 곁에 음악이 함께하고, 그 음악을 통해 힘겨운 시간을 조금은 수월하게 이겨나가기를 바랐다. 내가 한때 이어폰을 귀에 달고 살면서 딥 퍼플과 파바로티의 음악을 즐겨 듣고 김광석이나 김민기의 노래로 위로받았던 것처럼, 아이들이 살아갈 거친 앞날에도 늘 좋은 음악이 곁에 있기를 바랐다.

다행히 모두 피아노를 재미있어했다. 특히 큰아들은 스스로 연습하는 시간이 많았다. 그때 내걸었던 조건은 단 하나. 중단하기 없기였다. 어설프게 그만두면 차라리 안 배운 것만도 못하다는 것을 너무도 잘 알기 때문이었다. 그러나 공부를 곧잘 하던 큰아이가 입시를 앞둔 어느 날 갑자기 작곡을 전공하고 싶다고 했을 때 나는 잠시 후회했다. 단 한 번도 음악이 직업이 될 수 있다고 생각해 본 적이 없다. 아들은 오래전부터 고민하다가 털어놓은 듯했다. 긴장한 표정으로 부모 앞에 앉아 나직나직한 목소리로 자신의 꿈을 이야기하는 아들에게 이번에도 또 단 하나의 조건을 말했다. 이 길이 아니라고 생각하면 언제든지 그만두라고.

아들의 노래가 나오는 영화나 드라마를 열심히 챙겨보고, 아들의 플레이리스트를 운전할 때마다 듣는다. 일을 마치고 돌아오는 길에 듣는 노래는 하나둘 켜지는 불빛들과 어울려 아름답기까지 하다. 오랫동안 잊고 지내던 음악이 다시 내 곁으로 돌아왔다. 아들은 이제 음악을 통해서 위로를 전하는 사람이 되었다. 이렇게 열렬한 팬이 늘 곁에 있으니 힘내라고, 잘하고 있다고, 고맙다고 응원을 보낸다.

언젠가 아들에게 노래를 만들면서 무엇이 가장 좋으냐고 물으니 그저 웃기만 한다. 딸아이는 가끔 잔잔한 곡을 연주하며 혼자만의 시간을 즐긴다. 막내아들은 주일 새벽 미사에서 성가를 반주한다. 삼인 삼색이다. 아이들이 음표를 배우기 시작할 때쯤 온갖 사물에 박자를 붙이며 놀던 시기가 있었다. 떠오르는 보름달을 보며 "온음표는 네 박자. 엄마! 달은 네 박자예요!" 하던 생각이 난다. 참으로 아름다운 시절이었다.

눈이 내리네

집을 떠나있던 아이들이 모처럼 돌아와 잠들어 있는 아침. 밤늦도록 웃고 떠들더니 아직도 한밤중이다. 언제 저리들 다 커 버렸을까. 집에서나마 고단함을 잠시 내려놓고 푹 쉬었다 가기를 바라는 마음으로 찻물을 끓이는 손놀림이 조심스럽다. 오랜만에 가족이 다 모여 완전체가 되니 마음이 든든하고 푸지다.

거실 커튼을 젖히자 온 세상이 하얗다. 올겨울은 눈이 잦으려는지 며칠 새 또 눈이 내려 거실 앞 목련 나무와 아파트 정원수 가지마다 눈꽃이 만발했다. 새벽녘에 내리기 시작한 모양인데도 제법 많은 눈이 쌓이고 있다. 주차장의 차들도 두꺼운 솜이불을 덮고 깊이 잠들었다. 눈이 내린 날 아침은 유난히 조용하다. 눈이 흡음 역할을 해서라지만 대부분 차를 포기하고 대중교통으로 움직이는 까닭도 있으리라. 더군다나 요즘은 눈이 쏟아져도 마당으로 뛰어나와 노는 아이들을 볼 수가 없다. 평소에도 어린아이 마주치기가 힘드니 당연하다고 생각해야 맞는 걸까. 골목마다, 학교 운동장마다 아이들 소리로 넘쳐나던 그 시절이 몇만 년이나 지난 것처럼 아득하게 느껴진다.

온통 새하얀 풍경을 바라보고 있자니 오래전 겨울이 떠오른다. 괴산으로 귀농해 시골집에 살던 시절이었다. 그날 함박눈이 내리고 마당에 눈이 쌓이기 시작하자 아이들은 신이 나서 마당으로 뛰쳐나갔다. 그러나 얼마 지나지 않아 온통 눈투성이가 되어 들어오는 것을 보고 눈이 쏟아지는 모양새가 왠지 예사롭지 않다는 느낌이 들었다. 남편은 미리 길이라도 내놔야겠다며 몇 번이나 나가서 눈을 쓸다가 결국 포기하고 들어왔다. 아침나절에 시작된 눈은 종일 앞이 안 보이도록 퍼붓고도 그칠 기미가 보이지 않았다. 우리는 무거운 눈에 지붕이 무너져 내리지는 않을까 걱정하기 시작했다. TV는 안테나에 문제가 생겼는지 낮부터 전파가 잡히질 않았다. 인터넷도 여의찮아 밤새 바깥 상황을 주시하며 불안감을 감추지 못했다.

한밤중에 남편이 결심한 듯 지붕으로 올라가 눈을 치우기 시작했다. 평지붕에 눈이 너무도 많이 쌓여 있어서 제대로 설 수도 없는 상황이었다. 나는 밑에서 남편이 떨어질까 봐 조심하라고 소리를 질러댔다. 삽으로 눈을 떠서 아래로 던져 보았지만, 젖은 눈이라 무거웠고 워낙 양이 많아 얼마 치우지도 못하고 내려왔다. 지금 생각하면 만약 떨어졌어도 눈 때문에 다치지는 않았을 텐데 그때는 왜 그리도 무섭고 겁이 나던지….

끝날 것 같지 않던 밤이 지나고 날이 밝기 시작했다. 서서히 모습을 드러내는 마당은 키 큰 나무를 제외하고는 모두 파묻혀 사라져 버렸다. 그런데도 눈발은 여전히 기세등등했고 도무지 그칠 기미가 보이지 않았다. 무서웠다. 지구가 멸망하여 온 인류가 사라지고 이 땅에 우리 가족만 존재하는 것 같았다. 나는 쌀과 라면, 고구마, 감자 등의 양을 가늠했다. 이 눈이 다 녹고 길이 열려야 식량을 구할 수 있을 테니 그때까지 아이들을 굶기지 않고 버텨야 할 것만 같았다. 아마도 그날 이후 먹거리를 미리미리 쟁여놓는 습관이 생겨났지 싶다.

다행히 유선전화는 끊기지 않아서 아침이 되자마자 여기저기에서 전화가 오기 시작했다. 괴산에 내린 폭설 소식이 뉴스에 계속해서 나오고 있는 모양이었다. 눈이 그렇게 많이 오지는 않았다고, 뉴스에 나온 지역은 여기에서 조금 더 들어간 곳인가 보다고 둘러대고 별일 없으니 아무 걱정하지 마시라고 어른들을 안심시켰다. 하지만 친구들에게는 뉴스에서 나온 것보다 여기는 훨씬 더 많이 와서 옆집에 갈 때 터널을 뚫고 다닌다고 너스레를 떨었다.

마을 사람들이 허리춤까지 쌓인 눈을 헤치고 하나둘 골목으로 나왔다. 다들 뜬눈으로 밤을 지새웠는지 부스스한 모습이었다. 그 누구도 선뜻 눈을 치울 엄두를 못 낸 채 시꺼먼 하늘만 올려다보았다. 어르신들도 평생 이런 눈은 처음이라며 고개를 저었다. 폭설 피해는 처참했다. 여러 마을이 고립되고 낡은 집 지붕이 무너져 내렸으며 비닐하우스가 폭격을 맞은 듯 주저앉았다는 소식이 들려왔다.

갑자기 집이 시끌벅적하다. 아이들은 일어나자마자 밖에 눈이 쌓인 것을 보더니 아침밥도 마다하고 이글루를 만들러 나간다고 야단이다. 장갑과 모자 등 준비할 것이 많지만 반드시 챙겨야 할 것은 네모난 김치통과 코코아란다. 서른이 다 돼가는 녀석들이 어린 시절 시골 집 마당에서 했던 것처럼, 김치통으로 눈 벽돌을 찍어 이글루를 만들고 그 안에 들어가 뜨거운 코코아를 마시며 추억을 재연할 거란다. 내게는 끔찍했던 기억이 아이들에게는 아름다운 추억의 한 페이지가 되었나 보다.

둥지

순간 심상치 않은 새 울음을 들었다. 처음 들어 보는 날카로운 소리였다. 혹시 새끼가 둥지에서 떨어지기라도 한 걸까 아니면 뱀의 공격을 받은 걸까 궁금하여 잠시 발길을 멈추고 소리의 진원을 찾아 두리번거렸다

사람들이 마을회관 앞에 삼삼오오 모여있다. 굴삭기가 회관 앞에 있던 낡은 주택을 철거하고 있는 와중에 시끄러운 기계 소리를 뚫고 좀 전에 들었던 새 울음이 들린다. 총알처럼 빠른 속도로 공사장 주변을 날아다니는 두 마리의 제비. 커다란 장비와 싸움이라도 하려는 듯 사납게 달려들며 듣는 이의 가슴을 후벼파는 소리로 울부짖고 있다. 저 작은 생명들에게 지금 무슨 일이 벌어지고 있는 것일까.

제비는 곧 허물어질 둥지와 함께 바닥으로 떨어질 새끼를 안타깝게 부르고 있다. 둥지 근처를 날아다니며 아무것도 해줄 수 없어 저리도 몸부림치고 있다. 이제 곧 죽어갈 처지에 빠진 새끼들은 곧 벌어질 일은 까맣게 모른 채 어미가 오기만을 기다리고 있을 것이다.

마을 사람들도 바라만 볼 뿐 어찌해줄 방법이 없는 상황이다. 다른 둥지의 제비들은 모두 소리를 죽이고 있다.

  나도 저렇게 울었던 적이 있다. 우리가 귀농하여 농사를 짓다가 결국 포기하게 되었을 때 아이들을 끝까지 지키지 못할까 봐 제일 두려웠다. 하루가 다르게 커가는 삼 남매를 바라보면서 부모의 잘못된 판단으로 고생하는 아이들에게 너무도 미안했다. 그 상황에서도 남편은 좌절하지 않고 길에서 떡볶이 장사라도 하면 된다고 자신했지만, 떡볶이 장사라고 어디 쉽겠는가. 그렇게 말하는 그의 마음은 나보다 훨씬 더 괴로울 것을 잘 알고 있었다. 주위에서 모두 힘들다고 말려도 우리만은 해낼 수 있을 것이라 믿었던 농사였다. 우리만 성실하고 부지런하면 실패할 리가 없다고 장담했었다. 그러나 불가항력이었다. 한 해 두 해 지나갈수록 농사로는 답을 찾을 수 없었다. 이러다가는 아이들을 굶길 수도 있겠다는 생각에 결단을 내려야 했다.

  몇 날 며칠 남편을 설득했다. 우리가 잘할 수 있는 일을 냉정하게 찾아보자고 이야기했다. 남편은 아무 말 없이 한동안 고민한 끝에 마음을 굳혔고 적당한 곳을 찾아 학원 자리를 알아보기로 했다. 얼마 남지 않은 돈으로 과연 다시 학원을 시작할 수 있을까 하고 마음은 움츠러졌지만 우리는 거멓게 그을린 얼굴로 의연하게 집을 나섰다. 그러나 막연히 금왕으로 목적지를 정하고 가던 길 중간쯤에서 아름다운 동네에 마음을 빼앗겨버렸다. 이렇게 음성과의 인연이 시작되었다.

처음 들어간 부동산 중개소의 소개로 첫 번째 본 자리를 계약하게 되었다. 낡은 상가 건물 2층이었다. 다행히 조건이 맞아 바로 결정하고 우리가 직접 내부 공사를 하여 학원을 열었다. 수강생 없이 여러 날이 흘렀다. 또다시 잘못된 선택을 한 것은 아닐까 하는 불안감으로 피가 마르던 나날이었다. 우리는 하교 시간이 되면 학원 앞을 지나가는 학생들에게 광고지를 돌렸다. 처음부터 우리를 쭉 지켜보던 1층 옷 가게 사장님의 소개로 첫 수강생이 들어오자 단 한 명을 앉혀놓고 수업을 시작했다. 학생은 1명뿐이었지만 최선을 다해 가르쳤다.

얼마 후 학생은 100점 맞은 수학 시험지를 흔들며 학원으로 뛰어들어왔다. 중간고사가 끝나자, 우리 학생의 성적이 놀랍도록 쑥 오른 것이 소문이 났는지 같은 학교 학생들이 쏟아져 들어오기 시작했다. 시험 기간에 보충수업까지 하고 차 운행을 마치면 12시 가까이 되는 날도 많았다. 학원은 점차 자리를 잡아갔지만, 엄마 아빠가 모두 바빠지다 보니 정작 아이들을 돌볼 시간이 부족해졌다. 새로운 학교로 전학하여 적응하느라 마음고생이 심했을 텐데… 온 가족이 모두 힘든 시기였다.

결국 시골집에서 출퇴근하며 생활하기가 불가능해졌다. 초등학생 아이들이 방과 후에 머물 공간이 절실해졌고 집이 멀다 보니 식사도 빨래도 모든 것이 문제였다. 당장 학원 근처에 작은 방이라도 구하면 좋으련만 다 끌어모아 학원을 차린 까닭에 집을 얻을 돈이 없었다. 임시로 학원 뒤에 있는 창고를 방으로 개조해 쓰기로 했다. 그곳은

1층이 없이 허공에 떠 있는 구조였다. 당연히 난방시설도 없어서 작은 난로와 전기장판으로 겨우 냉기만 피할 뿐이었다.

　유난히 추웠던 어느 날 아침. 아이들을 학교에 보내고 이부자리를 개다가 바닥을 들춰보니 전기장판 밑에 깔고 잔 스티로폼에 얼음이 하얗게 맺혀 있었다. 콘크리트 바닥도 온통 얼음으로 반짝였다. 가슴이 쿵 하고 내려앉았다. 아늑한 둥지 하나 없이 언제까지 아이들을 고생시켜야 하는가 하는 걱정으로 눈물이 쏟아졌다. 오늘 새끼를 지키지 못해 울부짖는 제비를 보며 오래전 암담했던 그날이 떠올라 쉽게 자리를 뜰 수 없었다.

고맙다. 첫사랑

 남편이 떠나갔다. 연일 계속되는 열대야는 20여 년간 한 이불을 덮고 지내던 내 남편을 거실로 꾀어내었다. 그는 어이없어하는 나를 방에 홀로 남겨둔 채 베개를 끌어안고 나가 버렸다. 빈 옆자리가 허전하지만은 않았다. 36.5도의 열기를 지닌 75킬로그램의 커다란 보따리를 잠시 내려놓은 듯 홀가분했다. 남편은 그새 잠이 든 모양인지 코 고는 소리가 풀벌레 울음소리처럼 나지막이 들려온다.

 TV 리모컨을 이리저리 누르니 노래하고, 물건을 팔고, 연기를 하는 사람들이 빠르게 지나간다. TV 속에 있는 사람들은 마지막 기회의 끈을 붙잡은 사람들처럼 무엇이든 열심히 한다. 그래야만 그 상자 안에서 계속 살아남아 있을 수 있다는 것을 잘 알기 때문이리라. 심지어 먹고, 웃고, 울 때조차도 최선을 다한다. 그다지 치열하게 세상을 살아내지 못하는 나는 때때로 그런 모습이 거북하다.

 내가 TV를 끄고 휴대전화의 검색창에 첫사랑의 이름을 쳐 본 것은 순전히 우연이었다. 까맣게 잊고 있던 이름이 하필이면 남편이 내 곁을 떠난 그 밤에 생각났을 뿐이다. 그러나 느닷없이 액정화면에 나타난 첫사랑의 모습에 나는 마치 몹쓸 짓을 하다 들킨 사람처럼 화들짝 놀라고 말았다. 두근거리는 마음으로 그의 기록을 뒤져보았다. 그는 자기의 전공 분야에서 진즉에 인정받는 위치에 올라가 있었다. 옷차림이나 표정으로 미루어 볼 때 결혼 생활은 순탄해 보였고, 품위가 있고 수수하면서도 세련된 모습으로 나이 들어가고 있었다.

고마웠다. 비록 나 혼자만의 짝사랑이었지만 그가 잘 지내고 있다는 게 왠지 모르게 감사했다. 스무 살 무렵 그를 다시는 볼 수 없게 되었을 때 밥을 먹다가도 울었던 기억이 난다. 몇 해 전에 돌아가신 할머니는 그럴 때마다 "야가 왜 이렇게 자꾸 우나?" 하며 걱정하였다.

하지만 첫사랑에게 정작 고마운 것은 따로 있다. 그 시절 내 마음을 받아주지 않아서…. 그래서 사랑하는 남편을 만날 수 있게 해 줘서 정말로 고맙다. 특히 세상 그 무엇과도 바꿀 수 없는 우리 아이들이 태어난 것을 생각하면, 아무런 이유 없이 무조건 감사하다.

나는 지금 베개를 안고 남편 곁으로 간다.

아버지의 선물

내 시계는 잠들어 있다. 휴대전화를 사용하면서부터 굳이 손목에 시계를 차고 다닐 필요가 없어졌다. 모바일 기술의 경이로운 발전은 시계를 어두운 서랍 속에 감금하고 말았다. 한때는 나와 함께 온 세상을 쏘다니고, 나의 모든 일에 관여하던 그것을 나는 아주 잊고 지냈다. 절대로 꺼뜨리면 안 되는 귀한 '불씨' 대접받기도 했었던 시계가 이제는 심길 때를 놓친 씨앗처럼 깊이 잠들어 있다.

그런데 요즘은 10년이 넘는 세월이라는 것도 불과 몇 달 같기만 하다. 지나온 시간의 체감속도가 때때로 천리마를 타고 달려온 것처럼 느껴져 놀라곤 한다. 그 말은 나이를 먹을수록 더욱 빠르게 달리는 재주를 가졌다. 멈출 수도, 뛰어내릴 수도 없는 천리마의 등 위에서 가끔 꿈을 꾼다. 무료하게 평상에 앉아 먼 산 바라보던 열 살 무렵으로 돌아가는 꿈이다. 그 시절에는 놀고 또 놀아도 하루가 쉽게 끝나지 않았다. 그때는 시간이 지금보다 확실히 느리게 흘렀다. 점심을 먹고 나면 또 다른 하루 같은 오후가 기다리고 있었다. 생일이나 소풍을 기다릴 때는 똑같은 날이 몇 번씩 반복되는 듯도 했다. 나는 까치발을 하고 벽에 걸린 괘종시계를 올려다보며 시곗바늘이 서버린 것 같아 조바심을 냈다. 열 살인 채로 멈춰버릴까 봐 늘 걱정이었다.

그럴 때면 어디선가 아버지가 나타나 시계에 밥을 주었다. 아버지는 시계의 유리문을 천천히 열고 그 안에 있던 열쇠 모양의 쇠막대를 시계의 양쪽 볼우물 자리에 있는 구멍에 꽂아 정성껏 돌렸다. 아버지는 시계가 배가 부르다는 것을 태엽이 감기는 소리와 뻑뻑함으로 알아채는 것 같았다. 잔뜩 밥을 먹은 시계의 추는 아까보다 훨씬 빠르고 힘차게 움직이는 것처럼 보였다. 시간의 정각을 알리던 종소리와 종을 치기 직전 분침의 '틱'하고 침을 삼키는 소리가 좋았다. 숙제하다가도 분침이 잔뜩 긴장한 소리를 내면 얼른 시계를 돌아보았다. 시계가 혹시 실수로 종을 더 치거나 덜 치지는 않는지 감시하였다.

중학교에 입학하면서 사용하던 손목시계는 하루에 한 번씩 작은 귀를 잡아 돌리며 밥을 주어야 했다. 어쩌다 내가 밥 주는 것을 잊으면 어떻게 알았는지 아버지가 슬쩍 방에 들어와 밥을 챙겨주고 나가셨다. 그럴 때마다 아버지의 큰 손에 부서질 듯 잡혀있던 작은 시계는 애처로워 보였다. 아침마다 등교 준비를 다 마친 후에 맨 마지막으로 시계를 찼다. 늦어서 허둥거리다가 시계를 놓고 나오는 날이면 아버지는 등 뒤에서 "시계!"하고 소리치며 바통처럼 건네주었다. 시계와 나는 온종일 붙어 다니며 틈틈이 눈을 맞추었다. 그러나 집에 돌아오면 귀찮게 따라다니는 동생을 떼어 버리듯 제일 먼저 풀어 버렸다. 밖에서는 깃털처럼 가벼웠던 시계가 이상하게도 집에 들어서는 순간부터 천근만근 무겁게 느껴지며 거추장스럽기만 했다. 그런데 시계를 어디에 풀어 놓던지 아침이면 어김없이 책상 위에 얌전히 놓여 있었다. 매일 조금씩 늦어지는 시간도 다시 정확히 맞춰져 있었다. 아버지는 항상 나의 시계를 바라보고 있는 듯했다.

어느덧 나도 스스로 시계 관리를 할 수 있게 되었다. 나는 시계를 통해 세상으로 나아갔다. 시계를 보며 기차역으로 뛰어가고, 시험을 보고, 미래를 꿈꾸었다. 시계를 보며 가슴이 설레고, 사랑하는 사람을 만났다. 남편과 사귈 때는 헤어질 시간이 되면 둘이 동시에 깜짝 놀라곤 하였다. 우리는 마법에서 풀려난 사람들처럼 그토록 빨리 지나가 있는 시간을 도저히 믿을 수가 없었다. 번번이 멀쩡한 시계를 고장이라고 확신하고는 지나가는 사람에게 물어볼 정도였다. 한 장소에서 둘의 시계가 동시에 고장이 날 확률은 얼마나 될까? 서랍 속에 있는 시계를 꺼내어 차고 남편과 나들이를 떠난다면 지금도 그때처럼 우리의 시계는 고장이 날는지….

누군가는 어떤 일에 집중하면 집중할수록 시간은 많아지고 사용할 수 있는 절대량도 늘어난다고 말한다. 하지만 나에게 시간의 상대성은 늘 거꾸로 작용하는 듯하다. 무엇엔가 빠져들수록 많아진다는 시간이 매번 순식간에 사라져 버린 것처럼 느껴지니 말이다. 그렇다면 어린 시절의 나는 무엇을 했기에 그토록 많은 시간을 가질 수 있었던 것일까? 우리는 영화의 주인공처럼 시간을 되돌릴 수 있는 장치를 구할 수는 없을 것이다. 몇 번이고 다시 시간을 채워 쓸 수 있는 능력이 생겼어도 그들의 사랑은 안타까웠다.

아버지의 선물은 언제나 시계였다. 입학선물, 졸업선물, 취업선물. 우리가 처음으로 사업을 시작할 때도, 새집으로 이사를 했을 때도 시계를 보내 주셨다. 그러나 매번 고맙기만 한 것은 아니었다. 마음에 들지 않아서 처치 곤란일 때도 많았다. 고등학교 입학선물로 받은 시계는 귀부인들이나 착용할 것 같은 금색의 팔찌 모양이었다. 입학식 날 아침에 번쩍이는 금시계를 차고 집을 나선 나는 모퉁이를 돌아서자마자 그것을 풀어 교복 주머니에 넣었었다.

어느덧 많이 늙은 아버지는 이제 손주들에게 시계를 보내 주신다. 그리곤 아이들이 그 시계를 잘 차고 학교에 다니고 있는지 나를 통해 확인한다. 내가 시원하게 대답하지 못하면, 아버지는 이리저리 이유를 캐묻고는 또 다른 시계를 보내 주기 위해 구실을 만든다. 그럴 때 재빨리 요즘 아이들 사이에서 유행하는 시계 모양을 살짝 귀띔해 줘야 한다. 하지만 정말 몰랐다. 아버지가 아버지를 대신하여 시계를 보내고, 또 그 시계가 아버지를 대신하여 항상 우리와 함께 있었다는 것을. 아버지의 서툰 사랑 표현 방식에는 늘 '시계'라는 핑곗거리가 필요했다는 것을 어리석은 딸은 이제야 알고 말았다. 아버지는 어쩌면 우리에게 시계가 아닌 시간을 주고 싶으셨는지도 모른다. 최선을 다해 서로 사랑할 시간을….

보이지 않아도

거실에 산수유가 활짝 피었다. 일주일 전쯤 너무 빡빡하게 자란 산수유나무의 가지를 치고 정리하다가 잔가지를 한 움큼 항아리에 꽂아 놓았더니 이렇게 깜짝선물을 내놓는다. 막대기 같은 나뭇가지를 거실로 들여올 때만 해도 저리 화사하게 꽃을 피우리라고는 기대하지 않았었다. 꽃에서 빛이 난다. 아침 햇살이 깊숙이 들어와 꽃잎을 간지럽히면 나는 마치 봄 속에 앉아 있는 것처럼, 잠시 나른해진다. 그러다가 코로나19가 걷잡을 수 없이 확산하고 있음을 알리는 뉴스에 흠칫 놀라며 이내 마음이 어두워진다.

아주 오래전부터 겨울이면 연례행사처럼 웃자란 개나리를 꺾어 집안에 놓아두곤 했었다. 봄을 기다리는 마음으로 수시로 꽃을 들여다 봤던 것 같다. 아무래도 해가 짧은 겨울에 실내에서 피다 보니 개나리는 색도 모양도 보잘것없었다. 하지만 연노란색으로 꽃잎이 더러는 구겨져 피었는데도 아직 추위가 가시지 않은 이맘때에 봄을 앞당겨 느끼기에는 충분했었다. 자신이 있는 곳이 어디인지, 처지가 어떤

지 상관하지 않고 열심히 물을 끌어 올려 꽃망울을 틔우는 나무를 바라보고 있노라면 왠지 모르게 짠하면서도 덩달아 생기가 도는 느낌이었다.

초등학교 졸업식이었던가. 참으로 볼품없는 꽃다발을 받았다. 난방시설이 열악한 시절이라 그랬겠지만, 요즘은 흔하디흔한 안개꽃도 없었고 눈에 띄게 화려하거나 예쁜 꽃도 없었다. 초록색 사철나무 이파리 같은 것이 있던 것 같은데 지금 생각하니 어쩌면 동백이었는지도 모르겠다. 그리고 눈을 맞은 것처럼 스티로폼 부스러기를 하얗게 뒤집어쓴 나뭇가지가 있었다. 마른 나뭇가지에 눈이 쌓인 것처럼 연출하려고 붙여 놓은 것 같았다. 나는 꽃다발을 꽃병에 통째로 푹 꽂아놓았다.

며칠이 지났을까. 나무는 살아있었다. 따뜻한 방에서 나뭇가지 끝이 조금씩 부풀어 오르더니 하루하루 지날수록 점점 통통해지는 것이었다. 그러다가 마침내 꽃이 피었는데 진달래였다. 참 이상하다는 생각이 들었다. 나였다면 어차피 가려져 잘 보이지도 않을 것이니 주위에 흔한 아무 나무나 꺾어다가 만들었을 텐데 왜 굳이 진달래로 했을까? 꽃병에 꽂아놓지 않았더라면 꽃을 피울 기회도 없이 버려질 나뭇가지인데 힘들게 진달래를 구해서 만들었을까? 이 일은 두고두고 내 마음에 남아 내가 어떤 일을 할 때마다 '보이지 않아도 최선을 다하자. 끝내 모르더라도 좋은 것을 주자.'며 나를 움직였다.

올해는 예년보다 꽃들이 일찍 망울을 터뜨릴 것 같다. 하지만 그게

다 무슨 소용인가. 봄은 예전처럼 아름답지 않을지도 모른다. 너무도 힘든 시기다. 연일 늘어가는 확진자와 사망자 수에 귀를 기울이며 살얼음판을 걷듯 조심하고 또 조심한다. 자꾸 방금 내 곁을 지나간 사람이 일부러 나를 모르는 체한 것 같다는 생각이 든다. 사람들은 모두 마스크를 하고 눈을 마주치려고도 하지 않고 아무리 반가운 사람을 만나도 손을 맞잡지 못한다. 서로 멀찍이 떨어져 간격을 유지하며 요즘 벌어지고 있는 안개 속 같은 상황을 근심한다. 이 위기 상황이 언제 끝날지 도무지 짐작조차 할 수 없다. 별 감동 없이 지내왔던 소소한 일상들이 사무치게 그립다.

  외출 준비를 하며 끝으로 숙연하게 마스크를 쓴다. 거울 속 얼굴의 반이 가려져 보이지 않는다. 마스크 안에서 미소를 지어 본다. 보이지 않아도 애써 웃어본다.

배냇 파마

나는 파마를 하고 태어났다. 아무도 미리 내게 어떤 모습을 원하는지 물어본 적 없었다. 사춘기 시절에는 부모님을 탓하는 것만으로는 성에 차지 않아 신까지 원망한 적도 있었다. 자기는 모낭이 둥글어 생머리라고 말하는 친구를 부러워하며 무슨 이유로 내 모낭은 찌그러져 있는 것인지 따지고 들었다. 앤 셜리가 홍당무라고 놀리는 길버트의 머리를 석판으로 내리치며 빨간 머리로 고민할 때, 나는 고약한 곱슬머리와 씨름하고 있었다.

여름이 싫었다. 덥고 습한 여름이 되면 머리는 더욱 제멋대로 굴었다. 어쩌다 밥솥이나 찌개의 뜨거운 김이라도 쐬는 날이면 앞머리는 사방으로 덩굴손을 뻗어대는 식물이 되었다. 그럴 땐 주인의 의지력 따위는 무용지물이었다. 한번 습기를 머금어 꼬부라지기 시작한 머리는 다시 감고 말리지 않는 한 원상복구가 불가능하였다. 더군다나 안개나 가랑비를 맞으면 머리 전체가 감전된 듯 빠글거렸다. 그나마 다행인 것은 비가 오는 날에는 우산으로 얼굴을 가리고 다닐 수 있다는 것뿐이었다. 그런 날은 빨간 꽃 한 송이 귀에 꽂으면 딱 어울릴 것 같았다.

앞서가는 친구의 긴 생머리는 가벼운 걸음에도 찰랑거렸다. 친구는 하루에도 몇 번씩 귀찮아 죽겠다는 표정으로 고무줄을 입에 물고 머리를 손가락으로 대충 빗어 넘겨 아무렇게나 동여매곤 하였다. 그럴 때마다 친구의 하얀 이마를 간지럽히며 흘러내리던 곧은 머리카락이 부러웠다. 드라마에서 정성 들여 머리를 매만지고 잠자리에 드는 여인을 볼 때나, 영화에서 남자가 여자주인공의 머리를 빗겨주는 장면을 볼 때면 나도 모르게 긴 한숨이 비어져 나왔다. 늘 엉킬 구실만 찾고 있는 내 머리는 빗이 들어가면 아팠고 빗고 나면 솜사탕처럼 부풀어 버리기 일쑤였다.

머리 검사가 있는 날이면 매번 선생님께 구구절절 설명해야 하는 상황이 벌어졌다. 어느 선생님은 파마 의심자인 내 머리에 기어이 분무기로 물을 뿌려 확인해 본 적도 있었다. 파마머리는 물을 묻히면 더 뽀글거리지만, 곱슬머리는 흠뻑 젖으면 오히려 죽 펴진다는 것이다. 머리 한 움큼을 실컷 적셔 놓고 얼쯤 해 하시던 선생님의 표정이 아직도 눈에 선하다.

어느 해봄이었다. 마을 버스정류장에는 수양버들이 줄지어 자라고 있었다. 물오른 가지가 축축 늘어져 바람에 흔들리는 모습은 장관이었다. 버드나무도 생머리였다. 그때 한쪽 끝에 옹색한 모습으로 혼자 서 있는 나무가 눈에 들어왔다. 가지가 볼품없이 휘어져 고불거리고 있는 그것은 고수버들이었다. 그 후로 버스를 기다릴 때마다 우리는 서로 짠한 눈길을 주고받으며 동병상련하였다. 그런데 이상한 일이 벌어졌다. 언제부터인가 사람들이 이런 나를 부러워하기 시작했다. 모르는 사람이 다가와 넌지시 파마의 이름을 묻거나, 어디에서 한 파마냐며 말을 건네는 일이 잦아졌다. 웃으며 배냇 파마라고 말해도, 그냥 곱슬머리라고 대답해도 미심쩍어하는 눈치였다. 웬만한 정보는 거의 다 공유하는 여자들 사이에서 내숭쟁이라고 오해받기에 십상이었다. '돈 벌었네' 소리도 많이 들었다. 사실 파마도 파마지만 흰머리 때문에 일삼아 염색까지 해야 하는 사람들을 주위에서 쉽게 볼 수 있다. 젊은 나이인데도 한 달만 염색을 안 하면 머릿속부터 백발로 변한다는 것이다. 그렇다면 아직 새치 하나 없는 내가 돈을 벌고 있다는 것은 맞는 말인지도 모르겠다.

 어느 날 아름다운 생머리 친구는 앞머리에 핑클 파마를 하고 나타났다. 맙소사! 그 머리는 내가 밥솥의 수증기를 제대로 얻어 쏘이고 덩굴손으로 변신했을 때의 바로 그 모양새였다. 도대체 왜 친구가 돈까지 내가며 그 지경이 되어 왔는지 그때는 이해할 수 없었다. 하지만 이제 생각해 보니 그 친구 역시 어찌해줄까 하는 질문 한 번 못 받고 그리 태어난 나와 똑같은 신세였다. 우리는 모두 같은 처지다. 그 누구도 자기 모습을 스스로 선택할 기회는 없었다. 외모가 운명을 쥐락펴락할 수도 있다는 세상에 살면서 타고난 모습에 만족하는 사람은 몇이나 될는지….

아이를 낳아 놓고 보니 셋 모두 곱슬머리다. 다행히도 미안해하는 엄마의 마음은 아랑곳하지 않은 채 아이들은 펴고 싶으면 펴고 그대로 있고 싶으면 그대로 있다. 이것도 저것도 나름대로 다 좋단다. 그렇다면 어린 시절의 나는 고작 그 둘 중 하나를 고를 수 없었다고 화를 냈다는 말인가. 곱슬머리를 빌미잡아 서서히 정체를 드러내는 내 초라한 운명을 향해 소심한 불평을 늘어놓은 것은 아니었을까?

지금까지 몇 번의 부질없는 시도가 있었다. 큰 기대를 걸고 과감한 머리 모양에 도전해 본 것이다. 하지만 그때마다 참패였다. 머리숱이 적어 곧게 편 머리 모양은 안 하느니만 못했고, 구불대는 파마는 하나 마나였으며, 짧은 머리는 들떠서 부풀기만 하고 도무지 어울리지 않아 다른 사람 같았다. 놀랍게도 내 곱슬머리는 머리숱을 두 배로 많아 보이게 하고, 큰 얼굴을 작아 보이게 하는 고난도 특수효과를 담당하고 있었다. 나는 그제야 누군가 신중히 배려하고 심사숙고해 준 듯 느껴지는 내 숙명을 순순히 받아들일 수밖에 없었다. 좀이 쑤셔 몇 시간씩 미용실에 앉아 있지 못하는 성미까지 고려해 준 것을 생각하면 당장 감사 표시라도 하고 싶은 심정이다.

이제 머리와의 실랑이를 끝내려고 한다. 배냇 파마를 한 지 수십 년이 되다 보니 이제는 살살 다루는 요령이 생겼고, 사람들에게 종종 듣곤 하는 '얼마나 좋을까'라는 말도 싫지만은 않은 까닭이다. 파마와 염색을 하지 않아 내가 벌어들인 돈과 시간은 다 어디에 모여있을까. 나는 지금부터 그것들을 찾아서 멋있게 쓸 궁리를 해볼 작정이다.

할머니의 손맛

　찬 바람이 불면 할머니가 해주시던 명태식해가 생각난다. 어려서는 자주 먹었지만, 지금은 그 맛만 어렴풋이 기억날 뿐이다. 할머니가 돌아가시고 나서는 한 번도 못 먹었으니 어느새 꽤 오랜 시간이 지났다. 마지막 기억은 남편의 군 복무로 전라도에 잠깐 살 때였는데 둘째를 가져 입덧이 심했던 시기였다. 그때 할머니가 오셔서 열흘 정도 머물며 만들어주었던 식해가 마지막이었다. 잊은 듯 지내다가도 문득 어떤 날에는 곁에 두고 못 먹는 것처럼 너무 간절할 때가 있다. 진즉에 할머니의 음식을 배워 놔야 했는데…. 그때는 먹고 싶다고 말만 하면 언제든지 뚝딱 만들어주실 줄 알았다. 영원히 우리 곁에 계실 줄로만 알았다.
　아버지의 고향은 강원도 양양이다. 나는 그곳에서 네다섯 살까지 살다가 서울 근교로 이주했다. 양양이 38도선 이북이다 보니 어려서부터 자연스럽게 북한 음식과 닮은 식해를 자주 먹었다. 강원도 음식은 거의 조리법이 복잡하지 않고 화려한 장식이나 양념 없이 소박하여 자연의 맛 그대로를 먹는 경우가 많다. 맛이 우직하다고나 할까. 또 바다가 가까이에 있어 해산물이 풍부하지만, 해물 역시 복잡한 요리 과정 없이 식탁에 올리는 경우가 많다. 산이 많고 척박하다 보니 음식에도 사람들의 고단함이 스며서일까.

 할머니의 음식도 강원도를 닮았다. 강원도 하면 떠오르는 단어가 감자이듯이 특히 감자 요리가 많았다. 밀가루를 전혀 넣지 않고 만드는 감자전은 쫄깃하면서도 담백하여 할머니 곁에 앉아 한없이 받아먹었다. 그때는 몽당숟가락으로 감자의 껍질을 까서 강판에 갈아 만들었는데, 간 감자는 살짝 체에 건져 놓고 잠시 후 아래에 고인 물을 조심히 따라 내면 바닥에 하얗게 가라앉은 뽀득뽀득한 감자 전분이 나온다. 이 녹말이 쫄깃함의 비법이다. 조리법은 간단하지만 쫀득하면서도 감자의 거친 입자가 씹히는 느낌이 좋아 자꾸 먹게 된다. 하지만 요즘은 기계로 쉽게 갈아 만들어서인지 예전의 맛이 느껴지지 않아 아쉽다. 또 썩힌 감자녹말로 감자떡도 잘 만들어주었는데 맛도 맛이지만 떡 양면에 네손가락 자국이 그대로 찍히게 꼭꼭 눌러 만드는 특징이 있다. 할머니는 송편도 그렇게 납작하게 만들었기 때문에 사춘기 때는 반달처럼 생긴 서울 송편으로 만들어 달라고 졸랐던 기억도 난다.

 요즘 한과라고 부르는 과질은 지금껏 할머니가 만든 것보다 맛있는 것을 먹어보지 못했다. 특히 직접 짠 들기름으로 무친 나물 반찬은 도망갔던 입맛도 돌아오게 하는 특별한 맛이 있었다. 언젠가 내가 아무 연락도 없이 할머니를 찾아갔을 때 할머니는 나에게 이유를 묻기보다 서둘러 뜰로 나가 삼잎국화 나물을 뜯어 따뜻한 밥상을 차려주셨다. 가끔 할머니가 끓여주던 빡작장도 먹고 싶다. 빡작장은 강원도식 강된장으로 강원도 사람들은 오래전부터 된장의 일종인 막장을 즐겨 담가 장을 끓여 먹었다고 한다. 강된장은 흔한 음식이지만 뚝배기에 막장을 넣고 기호에 맞게 재료를 넣어 끓이는 빡작장은 제맛을 만나기가 쉽지 않다. 우선 제일 중요한 재료인 막장이 있어야 하는데 파는 막장은 할머니의 막장과는 왠지 맛이 다르고 조리법을 구해보려고 이곳저곳을 뒤져봐도 할머니 것과 같은 맛을 찾을 수가 없다. 어린 시절이어서 맛있었던 것인지 할머니가 그리워서 할머니의 손맛을 찾아 헤매는 것인지는 잘 모르겠지만 문득문득 아련하게 그 시절의 맛이 떠오른다. 아쉽게도 이름과 재료를 모르는 음식도 많은데 그 독특한 맛이 이 세상에서 흔적도 없이 소멸해 버린다면 얼마나 안타까울까.

 모든 음식과 재료를 판다는 마켓○○을 검색해 보니 속초식 명태초무침이 나온다. 상세 보기를 살펴보자, 무생채, 밥, 엿기름 그리고 명태를 넣어 만들던 할머니표 식해와는 전혀 다른 음식이다. 다른 곳을 더 뒤져서 아쉬운 대로 조밥에 엿기름을 넣어 삭혀 만들었다는 속초식 명태식해를 주문했다. 배송을 기다리는 이틀이 일주일처럼 느껴졌다. 드디어 개봉하여 맛을 보는 순간, 기대했던 맛과는 너무도 달라 얼굴이 찌푸려졌다.

궁하면 통한다고 했던가. 며칠 전 강릉에 살고 계신 막내 작은어머니와 우연히 통화한 후 번쩍하고 뇌리를 스치는 생각이 있었다. 작은어머니는 본래 강원도 태생이고 새댁 시절에 할머니와 함께 살았던 적도 있었기에 어쩌면 할머니의 요리법을 잘 알고 계실 것 같았다. 드디어 한 줄기 빛이 보였다. 나처럼 할머니의 음식을 찾아다니는 여동생과 함께 조만간 강릉으로 달려가려 한다. 더 늦기 전에 그리운 할머니의 손맛을 찬찬히 배워 볼 참이다.

텔레파시

하루에도 몇 번씩 남편과 아이들을 향해 텔레파시를 보낸다. 보고 싶은 이들과 힘겨운 일이 생긴 사람에게도 그 무엇보다 먼저 마음이 달려간다. TV를 통해 사정을 알게 된 사람들이나 이미 고인이 된 분이 대상이 될 때도 있다. 어릴 때는 무엇인지도 모르고 허투루 쓰던 것을 크면서는 점점 의지하게 되었다. 수없이 실패했지만, 들킬 염려는 없었다. 부질없는 기대였다고 자신을 달래고 넘어가면 그만이었다.

나에게 처음 텔레파시를 시도하게 만든 사람은 오빠였다. 그는 나보다 3년이나 먼저 태어나 동생을 괴롭힐 준비를 다 해 놓고 있었다. 사사건건 간섭하는 것으로도 모자라 내가 새로운 것에 빠져들어 행복해할 때마다 내 꿈을 가차 없이 시시한 것으로 만들어 버렸다. 어떻게 내가 우리 집에서 태어날 것을 미리 알고 기다렸는지는 아직도 불가사의다. 그는 내 인생 최대의 훼방꾼이었다. 오빠가 없는 친구들이 세상에서 가장 부러울 정도였다.

아버지는 늘 퇴근길에 어린이 신문을 가지고 오셨다. 그것은 서울 변두리에 사는 아이들이 흔히 접할 수 있는 물건이 아니었다. 신문에는 숨은그림찾기와 만화를 비롯해 재미있는 기사들이 가득했다. 나는 오빠보다 먼저 신문을 차지하기 위해 온갖 방법을 다 동원해 보았으나 만만치가 않았다. 오빠는 방바닥에 신문을 활짝 펴놓고 한참씩 뜸을 들이며 읽고 또 읽었는데 얼마나 천천히 한 장을 넘기는지 옆에서 기다리던 나는 답답하여 팔짝팔짝 뛰었다. 더 이상 볼 게 없어 나에게 신문을 넘겨준 후에도 오빠는 금세 "잠깐만! 잠깐만 줘 봐!"하며 다시 끌어당겼다. 그중에서 제일 참을 수 없었던 것은 숨은그림찾기를 한 후 자기가 찾은 그림에 볼펜으로 동그라미를 그려놓는 것이었다.

텔레파시는 순한 사람들의 마음 전달 방법이다. 나는 오빠와의 갈등을 평화롭게 극복해 보고자 텔레파시를 선택했다. 신문을 독차지한 오빠를 조용히 노려보면서 마음속으로 '그만 읽고 나가 놀아라.'를 되풀이하였다. 어쩌다 성공하면 큰 기쁨과 보람을 느꼈지만, 대부분은 아주 오랫동안 지루하게 기다려야 했다. 아버지는 한 달에 한 번꼴로 어린이 잡지도 가지고 오셨는데 UFO와 외계인, 타임머신이나 지구 반대쪽에 내린 물고기 비 이야기 같은 신기한 내용으로 그득했다. 그런 날은 온종일 텔레파시를 보내느라 녹초가 되었다. 그런데 가끔은 옆집에 사는 오빠 친구에게 잘 못 전해지기도 하는 모양이었다. 내 영감을 받은 오빠 친구가 대문 밖에서 오빠를 부르면 오빠는 읽던 책을 내던지며 부리나케 뛰어나갔다.

텔레파시는 힘없는 사람들의 안전한 공격 방법이다. 오빠가 남자 아이들 사이에서 유행하던 우표 수집을 시작했을 때 나는 울고 싶었다. 오빠는 툭하면 이러저러한 핑계를 대며 우표 심부름을 시켜댔다. 기념우표가 출시되는 날에는 같은 반 남자아이들 틈에 끼어 우표를 사야 했다. 그래 놓고도 내가 모아 준 우표를 들여다보며 흐뭇해하는 것을 보면 어이가 없었다. 그즈음 내가 쏘아 보낸 텔레파시는 평소보다 유난히 강력했었나 보다. 오빠는 얼마 지나지 않아 우표 수집에 싫증을 냈고, 그 후유증으로 자기에게 그런 취미가 있었다는 기억조차 완전히 상실하고 말았다.

성공률이 한없이 치솟을 때가 잠깐 있었는데 남편과 사귀기 시작할 무렵이었다. 나는 그와 마음이 통한다는 사실을 눈치챈 후로 시도 때도 없이 텔레파시를 남발했다. 같은 버스를 타기 위해, 옷의 색조를 맞추거나 별안간 마주치기 위해 부단히 노력했다. 우리는 같은 가수의 노래를 좋아하고 같은 작가의 책을 읽으며 서로에게 빠져들었다. 그런데 어찌 된 일인지 요즘은 성적이 형편없다. 욕실에 있는 남편에게 아무리 텔레파시를 보내도 늘 샤워기를 제자리로 돌려놓지 않고 나와서 가족들을 놀라게 한다. 오늘도 운전하는 그에게 마음을 전했으나 알아듣지 못했다. 난감한 곳에 주차한 후에야 상황을 눈치챈 그는 "그러니까 제발 말로 해, 마음속으로 말하지 말고…."하더니 만약 성공했다 해도 우연의 일치일 뿐이라는 주장을 폈다. 그 발언은 내 텔레파시의 최대 수혜자가 할 말은 아닌 듯했다. 말하지 않아도 서로 통하는 이심전심의 기쁨을 이제 와서 나더러 포기하라는 말인가.

오빠와 멀찍이 떨어져 사는 지금이 오히려 더욱 친밀한 것은 '텔레'가 '멀리'라는 뜻이기 때문일 지도 모른다. 그러나 물리적 거리와 심리적 거리가 반드시 반비례하는 것은 아니다. 전화가 텔레파시의 명성을 가로챈 것은 이미 오래된 이야기지만 우리가 종일토록 많은 이들과 온라인으로 연결되어 있었다고 해서 진정한 소통을 했다고 말할 수 있을까.

철모르던 시절에는 마음먹은 대로 세상을 바꿀 수 있다고 생각했다. 하지만 이제는 간절한 소원이 끝내 이루어지지 않아도 되레 '그럴 수 있지' 하며 겸허히 받아들인다. 그러나 어쩐지 나는 성공하지 못한 반쪽짜리 바람들이 허무하게 사라져 버릴 것 같지는 않다. 우리들의 마음의 편지가 비에 젖거나 바닥에 떨어져 밟히지 않도록 누군가 잘 갈무리해 두었다가 언젠가는 수신인들에게 꼭 전해줄 것만 같다.

나에게 텔레파시는 기도다. 생각의 속도보다도 빠르게 날아가는 영혼의 화살이다. 가난한 사람들도 얼마든지 보낼 수 있는 영적 기부요, 때와 장소와 대상 그 무엇에도 얽매이지 않는 자유로운 도모다. 일일이 말로 하면 잔사설이던 것도 마음으로 말하면 기원이 된다. 간절함이 하늘에 닿으면 만물의 운행과 통하여 기적이 일어나는 것처럼 사람도 서로의 마음을 얻어 막힘이 없으면 놀라운 일이 벌어진다. 그렇게 마음과 마음이 이어져 하나가 되면 온 세상이, 모든 사람이 아름다워 보일 것만 같다. 늘 붙어 지내면서도 이따금 멀리 있는 듯 느껴지는 나 자신에게 사랑한다고 넌지시 텔레파시를 보내 본다.

2.

어머부인

"애마부인?"

내가 닉네임을 말하면 어김없이 따라오는 말이다.

'어머부인'이라는 별명은 20여 년 전 귀농했을 때

우리 마을 이장님이 지어주었다.

막 시골 생활을 시작한 내가

"어머! 예뻐라." "어머! 신기해라."를 연발하자

그 모습이 퍽 우스워 보였던 모양이다.

게릴라 가드너

한동안 걸어 두었던 가방에서 구겨진 종이컵이 나왔다. 버리려다 무심코 흔들어 보니 미세하게 달그락거리는 소리가 난다. 종이컵 안에는 고추씨처럼 생겼으나 그보다 훨씬 더 자잘한 씨앗이 담겨 있다. 무슨 씨앗이었는지 가물가물하다. 도대체 나는 왜 이것을 허겁지겁 종이컵에 담아 왔을까. 어린 시절 엄마의 손가방에도 늘 꽃씨가 있었다. 씨는 주로 손수건이나 화장지에 싸여 있었는데 때로는 내가 먹고 버린 과자봉지에도 들어있었다. 엄마는 어디를 가든지 그곳에 새로운 꽃씨가 있으면 구해오곤 했다.

봄이 되면 엄마는 묘판을 만드셨다. 묘판에는 엄마가 1년 동안 모아 놓은 씨앗들이 옹기종기 심겨 싹을 틔웠다. 그즈음에 이웃 아주머니들은 우리 집을 자주 방문하였고 엄마는 그럴 때마다 환한 얼굴로 꽃에 관해 설명하며 모종을 나눠주었다. 씨앗이나 모종만 보고서 어떻게 피어날 꽃의 모양과 색까지 알 수 있는지가 나는 항상 궁금했다.

봄비가 촉촉하게 내리는 날이면 엄마는 온종일 가랑비를 맞으며 남아있는 꽃모종을 마을 길에 내다 심었다. 골목길을 따라 살피꽃밭을 만들고 우리가 매일 뛰어노는 공터의 가장자리에도 꽃을 심으셨다. 그때는 분꽃, 과꽃, 나팔꽃, 해바라기, 맨드라미, 봉숭아, 채송화 같은 소박한 꽃들뿐이었다. 알뿌리 꽃인 달리아와 글라디올러스가 아주 귀한 대접을 받던 시절이었다. 엄마는 꽃의 높낮이를 고려하고 색깔이나 종류를 잘 조합해 무궁무진한 변화를 연출해 냈다. 여름날 해 질 무렵이면 분꽃 향기에 이끌려 나온 사람들로 좁은 골목이 복닥거렸다.

지난해 가을에 꽃씨 뿌리는 사람을 봤다. 그때는 이른 김장이 시작되는 시기였고 모두 봄부터 심고 가꾼 것들을 거둬들이느라 바쁜 때였다. 남자는 초등학교의 낮은 담을 따라 천천히 걸으며 누런 종이봉투에 담긴 씨앗을 흩뿌리고 있었다. 차를 타고 스쳐 지나며 본 모습이었기에 무슨 꽃씨를 심는 것인지 물어볼 수는 없었다. 나는 그 꽃이 개양귀비일 거라고 섣불리 짐작했다. 그러자 시골 분교의 하얀 담장 아래에 빨간 개양귀비꽃이 무리 지어 피어 있는 눈부신 봄날의 풍경이 눈앞에 그려졌다.

도시의 버려진 공터나 쓰레기가 쌓여 있는 곳을 찾아내 꽃을 심는 사람들을 게릴라 가드너라고 부른다. 요즘은 도시마다 조직을 꾸려 활발히 움직이는 추세다. 주로 사람들의 왕래가 뜸한 시간에 활동하는 까닭에 '게릴라'라는 별난 이름이 붙었다. 우선 몇몇 요원들이 대상지를 탐색하고 요원들에게 집결 시간을 공지한다. 공격은 일사불란하게 이루어진다. 모종과 거름흙과 물을 준비해 온 전사들은 신속하게 각자 맡은 구역을 청소하고 꽃을 심고 퇴각한다. 간단한 공격에 비해 결과는 놀랍다. 사람들은 어느 날 아침 늘 지저분하던 곳이 꽃밭으로 변해 있는 광경을 보게 된다. 더 놀라운 것은 이제 그곳에 아무도 쓰레기를 버리지 않는다는 사실이다. 그 꽃을 바라보는 사람들의 마음마저 따뜻하게 하는 것이야말로 게릴라들의 궁극적 목적이 아닐까?

이제 곧 4월이다. 내 몸속 어딘가에서 경작 본능이 꿈틀거린다. 우선 종이컵에서 나온 씨앗을 심어 볼 참이다. 엄마에게서 물려받은 가드너의 유전자가 활동을 시작하려나 보다.

어머부인

"애마부인?" 내가 닉네임을 말하면 어김없이 따라오는 말이다. '어머부인'이라는 별명은 20여 년 전 귀농했을 때 우리 마을 이장님이 지어주었다. 막 시골 생활을 시작한 내가 "어머! 예뻐라." "어머! 신기해라."를 연발하자 그 모습이 퍽 우스워 보였던 모양이다. 하긴 마당에 돋아나는 민들레, 냉이, 질경이를 보고도 환호성을 질렀으니 평생 농사를 지어 온 분들에게 철없는 내 모습이 얼마나 기가 막혔을까. 하지만 나는 그 별명이 꽤 마음에 들었다. 이후 내 ID는 어머부인으로 바뀌었다.

시골 생활은 모든 것이 새로웠다. 비록 초라한 시작이었지만 마음은 너무나 자유로웠다. 서울에서 2시간 남짓한 거리인데도 먼 나라처럼 낯설었다. 마치 이민을 온 것 같았다. 마을 어른들이 하는 말씀을 잘 못 알아들을 때마다 내가 지금까지 얼마나 작은 세상에 갇혀있었나, 그동안 안다고 생각했던 것들이 얼마나 보잘것없는 것들이었나를 느꼈다.

남편이 서툰 솜씨로 짓기 시작한 집이 완성되어 가는 동안 우리 가족은 마을회관을 빌려 잠을 잤다. 아침이면 다시 마을 꼭대기에 있는 집터로 올라가 마당에서 쪼그리고 앉아 밥을 해 먹으면서도 캠핑하듯 신이 났다. 아이들은 마당 끝에 있는 실개천에서 물장난하거나 처음 보는 벌레를 구경하며 날마다 즐겁게 지냈다. 그새 마당에는 개망초가 허리만큼 빼곡하게 자라 화사한 꽃밭을 이루었다. 우리는 예뻐서 꺾지도 뽑지도 못하는 꽃을 보고 마을 어른들은 지나가시다가 혀를 끌끌 찼다.

집이 거의 완성될 무렵에 옆 마을의 산비탈 밭을 빌려 농사를 시작했다. 읍내 도서관에서 빌려 온 농법 책을 통해 배운 대로 모종을 길러 내다심은 배추는 거짓말처럼 무럭무럭 자랐다. 모든 것이 너무도 쉬워서 믿기지 않았다. 우리는 도시에서 도망쳐 왔다. 힘겨운 상황들이 우리를 이곳으로 내몰았다. 그러나 다 포기하고 주저앉고 싶었던 순간들이 이렇게 자유롭고 아름다운 시간과 자리를 바꿔줄 줄은 꿈에도 생각지 못했다.

계절에 따라 시시각각으로 변화하는 자연의 모습은 환희 그 자체였다. 나는 앞동산에서 태양이 떠오를 때 자를 대고 그린 듯 사방으로 퍼져나가는 햇발을 난생처음 보았다. 여름날이면 갑자기 어두워지며 소나기가 쏟아지고, 비가 그치면 종종 무지개가 떴다. 밤이 되면 마당에 누워 책에 있는 별자리가 하늘에도 똑같이 존재하는 것을 아이들과 함께 확인하고 환호성을 질렀다. 반딧불이 날아다니고 개구리들이 벌레를 잡아먹기 위해 불빛이 내비치는 창가에 몰려들었다. 아이들은 그 모습을 내다보며 마음껏 뛰어놀다가 잠자리에 들었다. 가장 좋았던 것은 도시에서는 일이 많아 아이들과 함께 시간을 보낼 수 없었던 남편이 늘 우리 곁에 있다는 것이었다.

여기까지가 내 어머부인 시절의 이야기다. 낭만적이고 아름다운 시간은 너무도 금방 끝나버렸다. 배추 농사는 잘되었지만, 한 통에 500원으로 가격이 매겨졌다. 배추밭을 갈아엎을 상황이 되자 우리는 한 푼이라도 더 건지기 위해 세 아이를 트럭에 태우고 배추를 팔러 다녀야 했다. 이후 감자도 옥수수도 고구마도 모두 풍작이었지만 우리의 사정은 조금도 나아지지 않았다. 아니 농사를 지으면 지을수록 형편은 더욱 어려워졌다. 농사일에 지치고 틈틈이 아이들을 챙기다 보면 녹초가 되기 일쑤였다. 하지만 어느새 나는 변해 있었다. 억척스러운 모습으로 장터를 누비고 옥수수를 팔러 다녔다. 참깨를 쇠느라 손톱 밑이 새까매져도 그 손을 내밀면서 부끄럽지 않았다. 초라하지만 당당하고, 삶이 그 자체로 목적이 되는 나날이었다. 누군가의 눈치를 보거나 체면을 생각할 필요 없이 진정한 나 자신으로 살던 시절이었다.

내 인생은 어머부인 이전과 이후로 나뉜다. 농사를 접고 다른 일을 시작한 후에도 힘든 고비는 여러 번 찾아왔다. 하지만 그녀를 떠올리며 이겨낼 수 있었다. 비로소 참자유와 기쁨을 맛본 나는 도시에서 미래를 불안해하며 숨죽여 살던 나와는 달랐다. 서울을 떠나올 때 하나씩 멀어져가는 한강 다리를 돌아다보며 눈물을 흘리던 내가 아니었다. 어머부인이 나에게 힘을 준다. 그녀와 함께 울고 웃으며 이겨낸 비현실적으로 행복한 기억들이 지금의 나를 지지하고 있다. 나는 어머부인이다.

남편의 슬기로운 취미 생활

오이를 한 아름 따다가 오이지를 담갔다. 더운 여름에 속이 느글거리고 입맛이 없을 때면 찬물에 밥을 말아 베보자기에 꼭 짜서 꼬들꼬들하게 무친 오이지를 먹는다. 짭조름하면서도 개운하고 시원해서 속이 편안해지고 정신이 맑아진다. 제발 조금만 심자고 했는데도 잔뜩 심어놓아 처치 곤란이면 어쩌나 했는데 오이지도 담그고 오이깍두기도 만들어 요긴하게 먹고 있다. 미처 못 먹는 것은 이웃과 나눠 먹고 있으니 부자라도 된 것처럼 마음이 넉넉하다.

농사를 포기할 때만 해도 우리가 젊을 때 일찍 경험해 보고 그만두어서 다행이라고 생각했다. 이제 평생 다시는 농사를 지을 일은 없을 테니 오히려 잘 되었다고 했다. 장담도 했다. 그리고 실제로 여러 가지 농사 도구들을 이웃에 나눠주고 꽤 오랫동안 농사는 쳐다보지도 않고 지냈다. 텃밭에 상추조차 심지 않고 몇 년을 지낸 적도 있다. 그러면서도 남편과 함께 차를 타고 가다가 길가의 논밭을 보면서 '저 밭은 고추 줄을 한 번 더 매 줘야겠네' 라던가 '고구마 넝쿨을 뒤집어

주면, 알이 굵어질 텐데' 같은 이야기를 나눈다. 남의 밭의 옥수수가 미백인지 대학 찰옥수수인지를 따지며 서로 아는 체를 하다가 '아! 차라리 아무것도 모르고 싶다'라고 하며 크게 웃기도 한다. 우리도 모르게 대화의 반 이상이 농사 이야기다.

평생 농사를 지으시는 분들의 노고를 너무 쉽게 보고 뛰어들었다가 큰코다친 기억은 부끄럽거나 후회스럽기보다 귀한 경험으로 남았다. 오히려 다행이었다. 만약 그때 우리가 농사를 경험해 보지 못했다면 사람이 살아가는 데 필요한 세상의 이치를 제대로 이해하지 못한 채 어둑하게 살고 있을 것만 같다. 농사를 짓는 과정 안에는 우리가 어디에서도 배우지 못한 수많은 지혜와 교훈이 깃들어 있었다.

남편이 다시 농사를 시작한 것을 뒤늦게서야 알게 되었을 때 나는 할 말을 잃었다. 내게 미리 말하지 못한 건 번복하기가 머쓱해서였을까? 학원 일도 바쁜데 다시 생각해 보자고 설득해도 걱정하지 말라고 큰소리다. 다시 힘든 농사를 지어야 한다고 생각하니 눈앞이 캄캄했다. 아무리 혼자 다 알아서 할 거라고 말해도 그것이 불가능하다는 것을 본인도 너무 잘 알고 있을 텐데…. 농사일은 계획한 대로 진행될 수가 없다. 혼자서는 더더욱 어렵다. 옥수수를 일주일 후에 따면 되겠다고 어림잡아도 갑자기 기온이 오르면 익는 속도가 빨라져 비상이 걸리는 게 태반이다. 홍수, 가뭄 등 수많은 변수가 생겨 일을 몰아쳐서 해야 하는 경우도 많다. 우물쭈물하다가는 농산물의 질이 떨어져 버리니 늘 긴장해서 관리하고 온 신경을 쓰며 대기상태로 있어야 한다.

  일이 힘든 것은 말해 무엇할까. 감자, 옥수수, 고추, 배추…. 모두 무겁고 벅차지 않은 것이 없지만 처음 해보는 애호박 농사처럼 막막하지는 않았다. 줄에 매달아 키우는 마디 애호박은 지금까지와는 전혀 다른 방식이었다. 특히 순지르기는 많이 긴장되었다. 잠깐만 한눈팔아도 남겨야 할 순을 잘라 가슴이 철렁하곤 했다. 남편 덕분에 갑작스럽게 다시 농군으로 되돌아오기는 했지만, 그래도 예전과는 상황이 많이 달라졌다. 한 번 경험해 보았던 일이기에 조금 수월하기도 하고 그때와는 달리 지금은 부업이기에 마음의 부담이 적은 영향도 있겠다.

  남편은 자신의 취미가 농사라고 말한다. 올해 심은 작물 종류도 셀 수없이 많아 고기를 살 때 빼고는 마트에 갈 일이 없어졌다. 여러 가지를 심으면 손이 그만큼 가야 하니 단순하게 심자고 말해 보아도 소용이 없다. 봄이 되면 그의 경작 본능 스위치에 자제할 수 없는 작업 등이 켜지나 보다. 제발 그만하라고 싸워가며 말리다가도 즐겁게 일하는 모습을 곁에서 바라보고 있으면 저절로 흥이 난다. 그의 부지런함과 성실함이 존경스럽기까지 하다.

  나는 요즘 애호박을 배달한다. 상품으로 팔리지 못한 호박을 이웃들에게 나눠주는 일이다. 주 작물이 된 애호박은 남편 말대로 내 도움 없이 거의 혼자 농사짓고 있다. 대신 나는 오전에 다른 일을 하며 간간이 급한 일만 돕는다. 문학 모임이나 성당 모임이 있는 날 호박을 들고 가 나눠 주면 모두 환한 얼굴로 고맙다는 인사를 한다. 대가를 바라지 않고 줄 것이 있다는 것이 참 좋다. 남편의 이로운 취미가 많은 사람을 행복하게 한다.

염치

 독하게 마음먹었다. 염치가 없어도 분수가 있지 괘씸해서 도무지 그냥 보아 넘길 수가 없다. 더 이상 방치했다가는 모든 게 엉망이 되어버릴 것만 같아 한동안 도끼눈을 뜨고 벼르다가 날을 잡았다.
 완전 무장을 하고 정원으로 나간다. 일명 주황 민들레 퇴치 작전이다. 흔히 홍화 민들레라고도 하지만 정식 명칭은 주황 조밥나물이다. 알프스지대가 원산지인 이 꽃은 씨앗과 기어가는 줄기로 동시에 번식하여 놀라운 속도로 번져가며 자신의 영역을 넓힌다. 어찌나 기세가 등등한지 곁에 있던 식물들은 숨도 못 쉬고 스러져간다. 지금은 온 나라에 퍼져 여름을 상징하는 꽃이 된 개망초도 처음에는 꽃밭에 한자리를 차지하고 귀한 대접을 받았다고 하니 지금 주황 민들레가 딱 그 모양새다. 겨우 한 뿌리를 얻어 심었을 뿐인데 처음 심었던 곳은 이미 시퍼런 덩어리가 되어 터를 잡았고 씨가 날아간 곳과 줄기가 뻗은 자리마다 불쑥불쑥 돋아나 세력을 확장하고 있다. 겨울이 지나면 좀 수그러지겠지 했으나 엄동설한도 끄떡없이 버텨내고 의연히 부활

했다.

　미국에서 왔다는 미국미역취도 어느새 꽃밭 뒤쪽을 점령해 가고 있다. 후룩스 모종인 줄 알고서 얻어 심었다가 낭패를 보았다. 해마다 다 없앴다고 자신했으나 잔당들이 살아남아 또다시 빼곡하다. 나는 미국미역취의 꽃말을 내 마음대로 '후회'라고 지어주었다. 적당히 번지고 말면 눈감아 줄 수도 있었는데 도저히 그대로 두지 못할 정도로 염치가 없다. 이렇게 먼 타향에까지 와서 눈총을 받는 것이 짠할 때도 있지만 정작 당사자는 눈칫밥을 얻어먹으면서도 노상 꿋꿋하다. 평화로운 얼굴을 하고 호시탐탐 땅 밑으로 손을 뻗쳐 남의 자리를 노린다.

　잔뿌리조차 남기지 않으리라 작정하고 입을 앙다물었다. 그러나 사방으로 뻗어나간 줄기에도 이미 뿌리가 나 있어 박멸은 생각처럼 쉽지 않았다. 호미로 땅속을 이리저리 후벼 파는 것도 여의찮아 신경질적으로 잡아 뜯다가 순간 내가 지금 무엇을 하는 건가 하는 생각이 들었다. 누가 이런 내 모습을 보면 무슨 학살의 현장이라도 보는 듯이 어찌 그리 잔인하냐고 할 것만 같다. 사실 민들레는 아무 죄가 없다. 식물은 그저 자신에게 주어진 숙명대로 열심히 살아낼 뿐이니 그에게 염치를 논하는 것이야말로 사람의 잣대가 아닌가. 모기가 사람의 피를 빠는 게, 거미가 예쁜 나비를 잡아먹는 것이 죄가 아니듯이 식물 역시 번식을 위해 오랜 세월 동안 그렇게 진화해 왔을 뿐이다.

　체면을 차릴 줄 알며 부끄러움을 아는 마음인 염치는 오직 사람에게만 쓸 수 있는 말이다. 몰염치 또는 파렴치라는 말도 염치가 없는 상태를 표현하는 것이고 또 우리가 자주 쓰는 얌체라는 말도 염치의 작은말 얌치에서 온 말이다. 식물과 동물에게는 체면이 없으니 그들이 부끄러움을 모르는 것은 당연하다. 이 부끄러움이라는 말도 인간만의 것이다. 부끄러운 짓을 하면서도 부끄러워할 줄 모른다면 우리 사회는 얼마나 뻔뻔한 사람으로 넘쳐날까. 자신이 한 잘못을 끝까지 책임지지 않으려는 사람들 때문에 어지러운 요즘이다.

  뽑는다고 뽑았어도 얼마 지나지 않아 또 어디에선가 머리를 내밀겠지. 아무래도 한동안은 씨름을 계속해야 할 듯싶다. 주황 민들레도 미국미역취도 언젠가는 개망초처럼 이 땅을 가득 채울 것만 같다. 요사이 자신의 욕망을 위해 부끄러움을 내던지는 사람들을 지켜보며 사람에게 왜 염치가 필요한지 생각해 본다. 그들이 꿈꾸던 세상은 진정 누구를 위한 것이었을까?

숨숨집

숨숨집은 신조어다. 고양이가 숨어서 놀거나 자는 집 모양의 작은 공간을 가리킨다. 녀석들이 워낙 택배 상자나 서랍, 쇼핑백같이 사방이 막힌 것에 들어가서 놀기 좋아하는 것을 보고 그 습성을 이용해 만든 상품인데 고양이들에게 폭발적인 호응을 얻어 히트 상품이 되었다. 자기만의 아늑한 공간에서 휴식을 취하며 체온을 유지하고 심지어 스트레스까지 해소한다고 하니 참으로 부러운 물건이다.

내게도 숨숨집이 있다. 우리가 괴산에 내려올 때 지었던 소박한 시골집이다. 한동안은 일에 치여 비워놓고 방치하다시피 했고 몇 해는 임시 사제관이 된 적도 있으나 요즘은 자주 드나들며 정원을 가꾸고 그림을 그린다. 당시 최소한의 비용으로 지으려다 보니 집의 구조가 지나치게 단순하다. 그러나 오히려 그 덕에 거실이 넓어져 여럿이 사용하기 편해졌고 나중에 다락방처럼 올라가 쉴 수 있는 공간을 덧붙여 모두 탐내는 자리가 생겼다. 사실 이름은 다락방이어도 정확히 따지면 다락은 아니다. 그러나 채 1미터 높이도 안 되는 방에 올라앉아

내다보는 경치는 참으로 멋지다. 동쪽으로 난 창으로는 멀찍이서 집과 마주하고 있는 늠름한 산이 보이고 다른 창으로는 아담한 잔디밭과 얕은 담 너머로 넓고 푸른 밭이 펼쳐있다. 사계절 모두 경치가 아름답지만, 지금처럼 한여름이면 능소화 붉은 꽃이 나무에도 한창이고 동백처럼 뚝뚝 떨어져 잔디 위까지 만발이다.

집도 정원도 모두 우리가 직접 짓고 가꾸었다. 온통 돌밭이었던 곳에 집만 겨우 앉히고서 축대며 담장이며 정원이며 모두 맨손으로 돌을 치우고 흙을 퍼다 부어 일군 것이다. 마을 사람들은 하나같이 우리 집에 와 보고는 깜짝 놀란다. 워낙 돌이 많아 부추만 겨우 심어 먹던 밭이 이렇게 변모한 게 믿기지 않을뿐더러 이리 좋은 집터를 진즉에 몰라본 걸 아쉬워하는 눈치다. 나무하나 꽃 하나 우리 손길이 안 간 게 없고 지금의 모습이 되기까지의 과정을 너무도 잘 알기에 더욱 애착이 간다. 우리와 함께 나이 들어가는 이 집이 마치 오래된 친구 같고 정든 고향처럼 느껴진다.

시골집의 기능은 다양하다. 우선 그 집은 숨는 집이다. 한창 정신없이 바쁠 때는 잠깐이라도 짬을 내 그곳에 숨어들었다가 오곤 한다. 당장 올 수 없는 상황이어도 언제든 내가 숨을 수 있는 공간이 있다는 것만으로도 큰 위로가 된다. 멍하니 앉아 있거나 잠깐 깜박 잠이 들었다가 나올 뿐인데 이상하게도 머릿속이 맑아지는 경험을 여러 번 하다 보니 스트레스를 받으면 중독된 듯 무조건 그곳으로 가게 되었다. 숨어 있기에 딱 안성맞춤인 것이 대문에서는 정원만 보이고 안쪽 잔디밭은 길가에서 가려진 구조로 되어 있어 누구의 시선도 받지 않는다. 윗집과 아랫집 사이에 끼어있는 덕분에 무섭지도 않다. 아무하고도 말할 필요 없이 오직 나하고만 편안하게 있을 수 있다. 여름에는 마당 한쪽에 수영장을 설치하곤 하는데 여자 혼자 튜브를 타고 누워 흘러가는 구름을 보며 노는 게 가능할 정도로 아늑하다. 깊어 가는 가을밤에 작은 모닥불을 피우고 잦아드는 불씨를 오래도록 바라보는 시간도 기다려진다.

그 집에 가면 숨이 쉬어진다. 일이 풀리지 않아 가슴이 답답할 때나 괜스레 쓸쓸할 때 그 집에 가면 깊은숨이 쉬어지며 마음이 편안해진다. 내 의지와 상관없이 벌어진 일을 감당할 수 없어 울고 싶을 때도 그 집에 가면 마음이 느슨해지면서 후~하고 긴 숨을 쉰다. 전국을 떠돌다 돌아와도 이곳처럼 산세와 기운이 편안한 곳을 만나지 못했다. 내가 갱년기를 수월하게 보낸 것도 어쩌면 편히 숨 쉴 자리가 있어서 아니었을까.

또 그 집은 숨이 살아나는 곳이다. 시들었던 채소가 물기를 만나 숨이 살아나듯 생기가 도는 집이다. 신기하게도 그곳에 머무는 것만으로도 피로가 풀리고 활력이 생긴다. 그렇기에 매년 고정으로 찾아와 쉬고 가는 사람들이 늘어나는 것일지도 모르겠다. 물론 거저이다. 자격 조건은 없으며 나와 인연이 조금이라도 있는 사람이면 누구든 언제나 가능하다. 이제는 아이들 친구까지 사용하게 되어 봄부터 가을까지 손님이 줄을 선다. 가끔 겨울에도 예상치 않은 폭설을 기대하며 자발적 고립을 원하는 사람들이 숨어들기도 한다. 나는 보고 싶은 얼굴을 볼 수 있으니 좋고, 지친 사람들은 숨이 살아나 돌아가니 더 좋다. 이제는 나무들이 제법 자라 철마다 화려한 꽃을 피운다. 특히 벚꽃이 필 무렵부터 한 달여는 예약이 꽉 차는 경우가 많다. 누구나 와서 힘을 얻어 가는 집. 내가 사랑하는 숨숨집이다.

꽃 도둑

　오랜만에 시간을 내어 시골집으로 향한다. 1년 내내 대문을 활짝 열어 놓고 다니는 집이다. 당연히 현관도 창문도 잠그지 않는다. 귀중한 물건이 없어서이기도 하고 내 집 앞을 지나는 누구나 마음껏 들어와 꽃밭을 구경하고 가기를 바라는 마음에서다. 철마다 다양한 모습으로 변신하는 정원을 나 혼자 독차지하기에는 너무도 아까운 순간이 많았다. 또 한편으로는 근처에 와서 농사짓는 친구가 쉽게 드나들 수 있게 하려는 뜻도 있다.
　지난봄 우리나라 곳곳에서 발생한 산불로 온 나라가 근심에 빠진 적이 있다. 순간의 실수로 많은 사람이 사망하고 다쳤으며 광범위한 산림과 문화재와 정성들여 가꿔온 삶의 터전이 불탔다. 자연재해와 인재가 겹친 복합적인 재난이었다. 산불이 하루빨리 잦아들기를 온 국민이 간절히 바라던 그때도 솔직히 산 밑에 있는 집보다는 마당의 꽃과 나무가 더 걱정이었다.
　집은 거들떠보지도 않은 채 부쩍 무성해진 정원부터 둘러보다가

헉! 하고 외마디 소리를 질렀다. 누군가 삽으로 꽃밭 한가운데를 움푹 퍼 갔다. 꽃방석 가운데가 둥글게 깊이 파여 붉은 흙이 드러나 있었다. 그 자리에 무슨 꽃이 있었던가? 구덩이 주위를 살펴보니 머지않아 개화할 에키네시아 군락이었다. 초여름에 피어 화단을 화사하게 밝혀주던 에키네시아를 올해는 제대로 만나지 못하게 되었다. 도대체 왜 이런 짓을! 화가 치밀었다. 아무리 꽃이 탐났어도 이렇게 몰상식하고 무례한 경우는 지금껏 본 적이 없다. 내가 그동안 대문을 잠그지 않았던 이유 중에는 꽃밭을 구경하다가 여문 꽃씨를 따 가거나 가장자리에서 작은 싹 정도는 살짝 떼어가도 된다는 무언의 허락이었다.

그러나 이건 도둑질이다. 가끔 도로에 놓인 화분에서 꽃모종이 사라져 듬성듬성한 경우를 보면서 눈살을 찌푸린 적이 있지만 내가 직접 당하고 보니 불쾌한 감정이 쉬이 가라앉지 않는다. 엄마는 나를 잘못 가르쳤다. 엄마는 종종 꽃 도둑은 도둑이 아니라고 말했었다. 어느 날 엄마가 남의 꽃밭에서 몰래 꽃씨를 받는 것을 보고 눈이 동그래진 나에게 해준 말이다. 나는 꽃 도둑이 괴도 뤼팽처럼 부자의 보석을 훔쳐 선량한 이웃을 돕는 의적까지는 아니더라도 아름다운 꽃을 세상에 널리 퍼뜨리기 위해 남몰래 애쓰는 사람들이라고 생각했다.

실제로 엄마는 어렵게 구해온 씨앗을 길러온 동네 사람들에게 나누어 주곤 했다. 그리고 보면 내 정원의 꽃들도 머나먼 곳에서 누군가의 손에 의해 떠나와 이곳 시골집 꽃밭에까지 다다른 것들이 많다. 해바라기는 중앙아메리카, 채송화는 브라질, 코스모스는 멕시코, 개망초는 북아메리카, 봉선화는 인도와 말레이시아 등 우리에게 너무도 친숙한 꽃들이어서 오래된 친구처럼 여겨져도 그 속내를 알고 보면 거의 모두 이방인이다. 그들이 이 낯선 땅에 고르게 퍼져 굳게 뿌리내리고 살아가는 사연 중에는 꽃 도둑들의 노고도 숨어 있겠지.

오래전에는 정붙여 살던 고향이나 고국을 떠나야만 했던 사람들이 모국의 흙을 한 줌 가져가 새로이 정착한 곳에 뿌리곤 했다는 글을 읽은 적이 있다. 지금과는 달리 한 번 떠나면 죽어서조차 다시 돌아오지 못하는 경우가 흔하던 시대였으니 자신이 나고 자란 대지의 흙이라도 곁에 두고 그리워하려는 마음이 이해되었다. 하지만 그 단순한 행위 안에는 큰 뜻이 숨어 있었다. 흙 속에는 고향의 풀씨와 꽃씨가 잠들어 있었다. 비록 한 줌의 흙이었지만 그에게 그 흙은 조국이었고 낯선 땅에서 굳건히 살아내려는 의지였으리라. 고된 하루를 살아내고 저물녘에 자신과 함께 낯선 땅에 뿌리를 내려 번성하는 모국의 식물들을 바라보면서 사람도 꽃도 서로 위안을 얻었을 것만 같다.

내 꽃밭을 망가뜨린 사람은 꽃 도둑이 아니라 도둑이었다. 북아메리카에서 떠나왔다는 에키네시아. 꽃은 비록 도둑맞았지만 어디로 갔든지 그곳에서 예쁜 꽃 피우며 잘 살기를….

냉이

 설을 앞두고 밭에 들렀다. 작년 늦가을 비닐하우스의 문을 닫은 후 첫 발걸음이다. 하우스 안은 해가 비쳐 놀라우리만치 따뜻했다. 얇은 비닐 한 겹을 사이에 두고 봄과 겨울이 공존하고 있다. 지난해 가을에도 밖은 서리가 내려 쌀쌀했지만, 하우스 안은 포근한 봄날 같았다. 여름에 비해 너무도 쾌적한 환경 덕분에 몇 날 며칠 흙바닥에 엎드려 감자를 캐면서도 힘이 든 줄 몰랐다. 신바람이 났다. 우리는 없어서 못 판다라는 말을 실감하며 20kg 감자 상자를 연일 차에 실어 날랐다.

 빈 이랑에는 마치 멧돼지가 파헤쳐 놓은 듯 남편과 가을 감자를 캔 흔적이 그대로 남아있다. 미처 주워 담지기 못한 자잘한 감자들은 진초록색으로 변한 채 겨우내 얼고 녹기를 반복하다가 진물이 흐르고 있다. 낮에는 더울 지경이라고 해도 겨울밤의 추위는 어쩔 수 없었던 모양이다. 천천히 몇 걸음 거닐며 하우스 안을 둘러보다가 냉이를 발견하고 환호성을 질렀다. 어린 시절 평상에 누워 어둑해지기 시작하는 하늘에서 별을 찾을 때처럼, 하나를 찾자, 주위의 냉이가 여기저기서 불쑥불쑥 모습을 드러내기 시작했다. 아직은 섣달이니 아무리 절기상 입춘이 가까웠다고 해도 꿈만 같았다. 겉옷을 벗어 던지고 허겁지겁 호미를 찾아 들었다.

냉이는 몸을 바닥에 바짝 붙이고 있었다. 흔히 보던 것과는 달리 자줏빛이 도는 냉이를 캐는 순간 봄 내음이 확 끼쳐왔다. 그 향기가 너무 좋아 하나씩 캘 때마다 냉이를 잡은 손이 저절로 코로 갔다. 그러나 뿌리까지 온전히 캐기란 쉽지 않았다. 호미로 냉이 둘레를 먼저 파고 아무리 살살 뽑아도 '뚝' 소리를 내며 끊어지기 일쑤였다. 식물의 가느다란 뿌리가 끊기는 소리가 너무 크게 들려서 마치 죄를 짓는 기분이 들었다. 살아보겠다고 애써 자라난 것을 내 욕심으로 해치는 것은 아닐까 하는 원초적인 의문이 들었다. 주위를 찬찬히 살펴보니 하우스 안에는 냉이만 있는 게 아니었다. 꽃다지, 지칭개, 광대나물, 개망초, 까마중 등 무수한 풀들이 서로 어깨를 부대고 포복한 채 자라고 있었다.

그들은 운이 좋아 따뜻한 비닐하우스 안에 자리 잡았다고 한숨을 돌리고 있었을까? 그러나 비닐하우스 안의 풀들은 눈비가 쏟아져도 목마름을 달래며 하염없이 바깥을 바라만 보아야 했을 것이다. 겨우내 이제나저제나 비닐에 맺혀 언제 어디로 떨어질지도 모르는 물 한 방울에 제 목숨을 맡긴 신세였을 것이다. 산 넘어 산이라고 했던가. 더구나 머지않아 트랙터 날에 갈리고 괭이나 호미로 긁히거나 뒤집히고 또 멀칭 비닐에 파묻히는 신세는 노지의 풀들과 마찬가지니, 누구에게나 생은 그리 호락호락하지 않은 모양이다.

햇살을 등지고 앉아 냉이를 다듬다 보니 서둘러 올린 짧은 꽃대에 흰 꽃송이가 조롱조롱 맺혔다. 왠지 또 미안한 마음이 든다. 냉이는 가혹한 환경에서도 어떻게든 자신의 분신을 남겨 번식하기 위해 최선을 다하고 있었다. 희생이라는 말은 생각해 본 적도 없이 오직 자기가 머물던 자리에 씨앗을 남기고 떠나기 위해 그렇게 낮은 자세로 땅에 엎드렸다. 내가 지금 해줄 수 있는 것은 경이로운 자연에 감사하는 것. 맛있게 먹고 그들의 노고를 기억하는 것. 적당히 거두고 남겨 다시 자라나게 하여 내년에도 잊지 않고 찾아 주는 것. 그리하여 아주 오랫동안 그들을 이 세상에 번성하게 하는 것….

냉이를 부드럽게 데쳐서 고추장과 들기름을 넣고 조물조물 무쳐 갓 지은 밥에 함께 먹으니 저녁 내내 속이 편안하다. 잠자리에 들어 눈을 감았다. 캄캄한 눈앞에 오늘 만났던 냉이의 잔상이 보인다. 반짝반짝 별처럼 빛난다.

솎아내기

참깨꽃이 피었다. 종처럼 생긴 꽃이 조롱조롱 가지 끝으로 치올라가며 피어난다. 얼핏 보면 하얗게 보이기도 하는데 한발 다가가 보면 연분홍색 통꽃이다. 아기 얼굴처럼 솜털이 보송보송하게 나 있어 여간 예쁜 게 아니다.

늑장을 부리다가 봄이 거의 끝나갈 무렵에서야 이웃 어르신께 참깨 한 줌을 얻었다. 심을 때를 놓치기도 하였고 또 워낙 적은 양이라 만만히 생각하고 텃밭에 직파했다. 나는 항상 씨를 뿌리는 작업이 어렵다. 특히 참깨는 씨앗이 워낙 작아서 정확히 원하는 개수를 집어 뿌릴 수가 없다. 적으면 대여섯 개, 아차 하면 수십 개의 참깨가 한 구멍에 뿌려질 때도 있고 바람에 날려 골에 뿌려지기도 한다. 그럴 때면 가슴이 철렁한다. 급히 다시 주워 보려 애써봐도 금세 흙 속에 숨어버리는 씨앗을 주워 담기는 불가능하다.

그렇게 마당 한쪽에 이랑을 만들어 뿌린 것이 어느새 꽃을 피웠다. 내가 해준 것이라고는 두둑에 비닐을 씌우고 구멍을 뚫은 후 씨앗을 넣어 준 정도이다. 오랜만에 심기도 하였고 또 예전에 비하면 소꿉장난하듯 적은 양을 심은 것이라 부담 없이 일을 벌였는데 농사는 많으나 적으나 손이 가기는 마찬가지인 듯하다. 아니 어쩌면 적은 양이 일하기에는 더 번거로운지도 모르겠다.

요사이 잦은 비에 행여 쓰러질까 걱정되어 지지대를 박고 줄을 매 주었다. 하지만 하루가 다르게 부쩍부쩍 커가는 모양새를 보니 한두 번은 더 매 줘야 할 것 같다. 첫 꽃이 피고 한 달 정도 지난 후 꼭대기 순을 잘라주면 좋다. 참깨는 무한화로 살아있는 내내 끝까지 꽃을 피우다 보니 먼저 익기 시작한 아래쪽 꼬투리가 잘 여물게 하기 위해서다.

귀농 이듬해에 약 500평 되는 밭을 빌려 참깨 농사를 지은 적이 있다. 남편이 관리기로 골을 타 놓은 밭에 함께 비닐을 씌우고 참깨를 심기 시작했을 때만 해도 농사가 너무도 낭만적으로 느껴졌다. 5월이었으니 춥지도 덥지도 않아 일하기에 좋은 날씨가 이어졌고 밭 주변 산에는 철쭉이 만발하였다. 잠시 밭두렁에 앉아 쉬고 있으면 TV에서나 듣던 뻐꾸기 소리와 먼 산에서 딱따구리가 나무를 쪼아대는 소리가 들려왔다. 비현실적이었다. 우리는 밭두렁에 앉아 새참을 먹으며 세상에 무슨 이런 아름다운 직업이 다 있을까 하고 이야기를 나누었다.

어르신이 가르쳐주신 대로 박카스 병에 깨를 담고 뚜껑에 작은 구멍을 뚫어 깨소금 뿌리듯이 신명 나게 파종했다. 참깨는 씨 세우기가 어렵다고 들었는데 다행히 날씨가 잘 맞아 싹이 제대로 났다. 자신감이 차올랐다. 연둣빛 새싹이 구멍마다 빼곡하여 보기만 해도 이미 풍년처럼 느껴졌다. 그러나 마을 어르신은 본 잎이 2장에서 4장 정도 났을 때 두 포기만 남기고 모두 솎아야 한다고 단호하게 말씀하셨다. 청천벽력이었다. 이렇게 예쁜 것을, 살아보겠다고 애써 싹을 틔운 것들을 다시 내 손으로 뽑아 버려야 한다니.

　솎아내는 일은 언제나 가슴 아프다. 무엇을 남기고 뽑아낼지 끝없이 선택해야 하는 작업이 답을 알 수 없는 수학 문제만큼이나 어렵게 느껴진다. 처음엔 뽑아낸 것을 포기하지 못하고 어떻게든 살려 보려 노력한 적도 있었다. 하지만 이미 뿌리를 다친 싹은 금세 시들어 죽어버렸다. 상추도 열무도 알타리도 솎아내지 않으면 제대로 수확할 수 없다는 것을 알고 난 후에도 솎아내기는 여전히 피하고 싶은 일이 되어 모쪼록 최소한의 씨앗을 뿌리기 위해 애쓰고 있다. 혹시 오래전 내가 가차 없이 솎아졌던 기억 때문인 걸까? 나 대신 남겨진 싹들은 모두 잘 지내고 있는지….

아름다운 밭

 참 이상하다. 4월에 들어섰는데도 옆 마을 어르신의 밭에는 아무런 변화가 없다. 작년 피복 비닐이 그대로 방치되어 새로 난 풀과 뒤범벅되었다. 찢어진 검은 비닐들이 여기저기에 어지럽게 나뒹굴고 더러는 나뭇가지에 걸려 을씨년스럽게 휘날리고 있다. 도저히 할아버지의 밭이라고는 믿기지 않는다. 맞은편 밭에는 벌써 감자가 심겼는데 부지런하고 깔끔하기로 소문난 분의 밭이 아직도 한겨울이라니. 한 번도 이런 모습을 본 일이 없어서 불안한 마음이 든다.
 어디 편찮으신 것은 아닌지…. 혹시 지난겨울에 큰 변고를 겪으신 것은 아닌지 걱정된다. 비록 한마디도 나눠보지 못하고 먼발치에서 바라보기만 한 분이지만 그분이 어수선한 밭처럼 힘겨운 시간을 보내고 계시지는 않을까 하고 자꾸 마음이 쓰인다. 작년 늦가을에 콩 낟가리 만드시는 모습을 뵌 후로 한 번도 못 뵈었으니 꽤 많은 시간이 흘렀다.
 드문드문 피기 시작한 화사한 산벚꽃을 눈에 담으며 오늘도 시골

집으로 향한다. 이제 저 고개만 넘으면 할아버지의 밭이 보이기 시작할 것이다. 어쩌면 지금쯤 자리에서 일어나 여느 해처럼 밭을 갈고 농사를 시작하셨을지도 모르겠다. 그분은 고랑을 만들 때부터 예사롭지 않았다. 고랑은 마치 줄자를 대고 그은 듯 반듯반듯하고 그 위에 심긴 작물도 질서정연하여 경외감까지 느끼게 한다. 말뚝을 박아도, 줄을 매어도 그 결과물은 아름다웠다. 힘든 농사일을 하면서 미적인 면까지 생각하기란 불가능에 가깝다. 나를 비롯한 그 누구도 그렇게까지 멋지게 농사짓는 모습을 본 적이 없기에 차를 타고 오가며 어르신의 밭을 구경하는 재미가 제법 쏠쏠했다. 올봄에도 아름다운 밭을 기대했건만 무슨 일이 생긴 것이 분명하다. 밭의 상태는 며칠 전보다 더 엉망이 되었다.

오래전 처음 할아버지의 콩 낟가리를 보았을 때 그것은 감탄이 절로 나오는 걸작이었다. 그 넓은 밭에 1미터 남짓한 높이의 송이버섯 모양으로 정갈하게 쌓아 올린 낟가리들은 가을 햇빛 속에서 저마다 살짝 고개를 기울이고 서 있었다. 일정한 간격, 일정한 기울기로 아주 천천히 꼼꼼하게 낟가리를 쌓아가는 할아버지의 모습은 마치 고흐의 그림을 연상시켰다. 기울기의 방향과 각도는 평소에 많이 불어오는 바람의 진로를 고려하여 비를 등지게 하고 햇살을 조금이라도 더 오래 받을 수 있는 쪽으로 결정되었을 것이다. 아마도 오랜 경험에서 나온 어르신만의 정확한 수치였으리라. 또 초여름 대공에 매달려 늘어진 일제히 똑같은 키의 옥수수들은 머리를 풀어 헤친 무용수들의 멋진 군무를 보는 것 같았다. 입추가 지나 심긴 오종종한 배추 모종은 구상과 추상의 완벽한 조화를 보여주었다. 시골집에 오가며 계절마다 미술작품처럼 디자인된 할아버지의 밭을 바라볼 때마다 항상 탄복하였다. 어느 날 밭둑에 앉아 자신이 만든 작품을 감상하는 그분을 뵌 적이 있다. 그 후로도 종종 혼자 물끄러미 밭을 내려다보는 모습을 발견할 수 있었다.

자세히 보면 여기저기서 뜻하지 않게 생활 속 예술 작품을 만날 수 있다. 우리 마을 학주 씨네 울타리에는 매년 주황색 능소화가 흐드러지게 핀다. 여름 내내 어찌나 화려하게 쉬지 않고 피어 있는지 멀리서 바라보면 마치 유명한 화가가 멋들어지게 그려낸 한 폭의 그림처럼 보인다. 또 윤주 어르신 댁 대문 앞에는 키 작은 접시꽃이 해마다 무리 지어 피어난다. 얼핏 보면 손길이 미치지 않은 듯 어수선해 보이기도 하지만 마치 르누아르가 붓질하고 지나간 듯 이국적이어서 눈길을 사로잡는다. 그러나 능소화도 접시꽃도 그냥 저절로 피어나는 게 아니었다. 80세에 가까운 아주머니가 사다리에 올라 능소화 줄기를 수시로 정리하고, 윤주 어르신의 외국인 며느리의 손길에 의해 매력적인 접시꽃이 피어나고 있었다. 어쩌면 이런 것이야말로 우리 곁에 존재하는 진정한 생활예술이 아닐까.

너른 논에는 이제 몇 조각만 더 채우면 끝나는 퍼즐처럼 막바지 모내기가 한창이다. 오늘도 고개를 넘어가며 기대를 품어본다. 아! 할아버지의 밭에서 누군가 일하고 있다. 드디어 우리의 예술가 농부가 자리를 털고 일어나셨나 보다. 하지만 자세히 보니 일하고 있는 사람은 젊은 남자다. 할아버지는 끝내 밭에 나올 수 없게 되신 걸까? 자신이 보듬어 키운 작물을, 뒷짐을 지고 오래도록 내려다보시던 작은 체구의 할아버지가 그립다.

움직이는 정원

 마당이 부산스럽다. 자꾸 밖으로 나와보라고 누군가 부르는 것만 같다. 방향이 달라진 햇살 때문일까. 훈훈함이 감도는 바람 때문일까. 어린 시절 친구가 부르는 소리에 부리나케 달려 나가듯 서둘러 밖으로 나왔다. 그러나 아직은 이른 봄. 겨우내 찬바람을 맞은 냉이들은 이제껏 보랏빛으로 언 뺨이 녹지 않았다. 나무는 모두 죽은 것처럼 보인다. 간간이 불어오는 봄바람에 마른 잎들이 버석거린다. 식물은 대개 바싹 말라 부서질 것 같은 몸을 부표 삼아서라도 자신의 위치를 알리지만, 앵초처럼 잎이 무른 것들은 흔적 없이 자취를 감춘다. 하지만 보이지 않는다고 존재하지 않는 것은 아니다. 나는 눈을 꼭 감고도 어디에 무슨 꽃이 심겨 있는지 다 찾아낼 수 있다. 이곳의 보물 지도는 내가 그렸다.
 찬찬히 살펴보니 바람벽 밑에 상사화 싹이 탐스럽게 돋았다. 튤립과 무스카리 군단들은 정수리로 굳은 흙을 밀어 올리느라 도도록한 땅 밑이 왁자지껄하다. 울타리 밑 그늘진 곳의 옥잠화는 자기가 손수 만든 이불을 포근하게 덮고 있다. 넓적하고 푸르렀던 이파리가 작년 가을 된서리를 맞아 시들며 제 뿌리를 켜켜이 덮었다. 누런 잎을 살짝 들추자 뽀얀 싹들이 뽀족뽀족 돋아 있다. 행여 놀라 움츠러들까 봐 얼른 다시 덮어준다. 언 땅을 뚫고 나온 새싹이 너무도 기특해서 가슴 한구석이 짜르르하다.

이 옥잠화는 오래전 친정 할머니 댁에 피어 있던 꽃이다. 어느 날 갑자기 엄마를 잃은 손주들을 위해 급히 보따리를 꾸려 집을 떠나오신 할머니는 우리 삼 남매가 모두 다 자란 후에야 다시 당신 집으로 돌아갈 수 있었다. 그때 할머니를 반갑게 맞아준 것이 대문 간 옆에 피어 있던 이 꽃이었으리라. 빈집에서 하염없이 주인을 기다리며 매년 홀로 싹을 틔우고 꽃을 피웠을 이 옥잠화를 할머니는 훗날 내게 나누어 주셨다. 여름 저녁나절에 뜰을 거닐다가 옥잠화 흰 꽃의 은은한 향기를 맡으면 어김없이 할머니가 그립다.

지금 내가 소유하고 있는 것 중 처음부터 내 것이었던 것이 하나라도 있을까. 친구가 소담스러운 꽃방석에서 크게 한 귀퉁이를 뚝 떼어 나눠준 패랭이꽃, 집에 아무도 없을 때 대문 밖 울타리를 따라 심어 놓고 간 뒷집 아주머니의 접시꽃, 불편한 몸으로 힘겹게 걸어오셔서 예쁘게 키워보라며 주고 가신 이웃 할머니의 사랑초, 옆 마을 성당 신부님이 급히 화단에서 씨를 받아 한 주먹 쥐여주신 샤스타데이지…. 그렇게 나와 인연이 맺어진 꽃들은 매년 찬란한 향기와 빛깔로 자신이 이곳에 머물게 된 사연을 속삭인다.

봄마다 내 정원은 조금씩 움직인다. 나는 식물들이 가지를 더 넓게 펼칠 수 있도록 포기를 나누어 간격을 띄우고, 뿌리를 마음껏 뻗을 수 있게 솎아서 옮겨 심는다. 잘 말려 건사해 두었던 씨앗을 아랫마을까지 내려가 뿌리거나 식구가 늘어 복닥대는 알뿌리를 슬쩍 분가시켜 주기도 한다. 그렇지만 정원을 움직이는 방법 중 가장 놀라운 비법은 다른 사람들에게 꽃을 나누어 주는 것이다. 내 정원은 꽃을 사랑하는 사람을 따라 확장된다. 내가 거저 받아 정성스레 길러온 꽃들은 옮겨간 곳에서 천천히 뿌리를 내리며 기꺼이 더 넓은 세상으로 퍼져나갈 것이다.

어쩌면 꽃들은 태초부터 담 너머의 세상을 꿈꿔왔는지 모른다. 나팔꽃은 손끝에 무엇이 닿든 불평하지 않고 줄기를 감고 올라가 울타리 밖으로 씨앗을 던진다. 고려엉겅퀴는 가벼운 바람에도 씨앗을 날리고, 뱀딸기는 기어가는 줄기로 적당한 거리마다 새로운 개체를 만들어 뿌리를 내리다가 기어이 땅의 경계를 넘는다. 하지만 꽃은 그 누구의 곁도 떠나지 않았다. 그들은 이곳에도 있고 그곳에도 있어 결국 모든 곳에 있게 되었다. 어줍은 곳에서 미미한 체온으로 쌓인 눈을 녹이고, 제 잎을 썩혀 만든 거름으로 꽃을 피운다. 그리하여 자신만의 아름다움을 소중히 간직하기 위해 최선을 다한 꽃들은 그 수고로움을 알아주는 사람들의 마음을 조금이나마 덥힐 수 있게 되었다.

머지않아 막내마저 먼 곳으로 거처를 옮긴다. 버드나무 솜털처럼 쉬지 않고 뛰어놀던 아이들은 내가 이곳에 숨겨놓은 가장 귀한 보물이었다. 수시로 보살피고 잠시도 눈길이 미치지 않으면 마음이 놓이지 않던 화초들이 어느새 자라 성큼성큼 꽃밭을 나선다. 아이들이 조금씩 더 멀리 자리를 옮길 때마다 나는 또 수없이 그들의 빈자리를 들여다보며 정원을 서성이겠지. 내가 해줄 수 있는 말은 힘이 들면 언제든 다시 돌아오라는 말뿐이다. 구태여 시시콜콜 물어보지 않아도 외롭고 벅찬 상황들을 다 짐작하면서, 요즘 우리 마당에 얼마나 예쁜 꽃들이 피어 있고 무슨 열매가 익어가고 있는지 오랫동안 이야기를 나눈다. 지금은 앞으로 나아가는 것 말고는 아무것도 선택할 수 있는 게 없다고 말하는 힘겨운 시기의 아이들. 내 가장 귀한 꽃들이 낯선 자리에 뿌리를 잘 내려 힘차게 성장하기를 빈다.

새싹은 기도 손이다. 지난해 봄 긴 가뭄 끝에 단비가 내리던 날. 나는 이파리들이 손을 모아 막 떨어지기 시작한 빗방울을 받아서 뿌리로 흘려보내는 것을 보았다. 잎은 바르르 떨고 있었다. 내 아이들은 시간이 지난 뒤에 무엇으로 엄마를 기억할까. 나도 할머니처럼 꽃으로 남고 싶다.

지지 않는 꽃

꽃꽂이 중이다. 꽃은 꽃가위와 물통을 들고 정원에 나가 눈에 띄는 대로 잘라 왔다. 꽃가위를 들었을 때의 나는 무자비하다. 이른 봄부터 여린 모종을 심어 기르면서 행여 마를세라 혹여 부러질세라 시중들 때와는 전혀 딴판인 사람이 된다. 성큼성큼 자리를 옮겨 다니며 흡사 먹잇감을 노리는 맹수처럼 매서운 눈길로 꽃밭을 둘러보다가 가차 없이 자르고 뒤돌아보지 않는다.

꽃을 꺾을 때는 머무적거리면 안 된다. 주저하거나 망설일수록 마음이 약해지며 판단이 흐려진다. 얼핏 보기에는 냉정하게 뚝뚝 자르는 것 같아도 그 짧은 순간 되도록 너무 활짝 피지 않은 꽃과 줄기의 뻗은 선이 매력적인 꽃으로 손이 간다. 애지중지 기른 꽃을 자르지 않고서는 꽃꽂이 자체가 불가능하니 자기모순처럼 보일 수도 있겠지만 나름대로 까닭 있는 돌변이지 않은가.

정원에 핀 꽃들은 빛깔과 모양이 워낙 다양해서 두세 가지씩만 잘라도 금방 한 아름이다. 꺾어 온 꽃은 다시 한 송이 한 송이 사랑스러운 손길로 정갈하게 다듬는다. 자주 섬초롱, 산수국, 일본조팝나무 꽃, 끈끈이대나물꽃, 라임라이트, 에키네시아, 개망초 등의 꽃이 한참 동안 고심하여 고른 화기에 심길 준비를 마친다.

산수국의 푸른 빛이 일순간 눈길을 사로잡는다. 개망초는 굳이 심지 않아도 천지에 지천이다. 개망초의 자잘한 꽃송이는 안개꽃처럼 허전한 자리를 채우거나 다른 꽃을 도두보게 하는 데 큰 역할을 한다. 또 어두운 곳에 여린 점을 찍어 깊은 공간을 가늠하게도 한다. 한 꽃밭에서 자란 꽃들은 선뜻 어깨를 내어주며 힘겨운 시간을 함께 견뎌내서일까. 굳이 말하지 않아도 서로를 깊이 이해하는 사람들처럼 무심하게 꽂았는데도 처음부터 거기에 있었던 양 제법 잘 어우러진다.

몇 년 전부터 성당 제대 꽃꽂이 봉사를 하게 되었다. 여전히 부족하지만, 선배 곁에서 식물과 꽃의 형태를 조화롭게 배치하여 하나의 작품을 완성할 때마다 큰 보람을 느끼고 있다. 특히 전례 꽃꽂이는 매 주일 복음에 담긴 의미를 표현해야 하기에 종종 구조물을 통한 응용이 많을 수밖에 없어 더 어렵다. 제대 위 비어 있던 어둑한 공간에 숨을 불어넣은 듯 존재감을 뿜어내는 꽃꽂이 작품을 바라볼 때마다 흐뭇함과 부끄러움이 교차한다.

그러나 열흘 붉은 꽃 없다고 했던가. 채 1주일을 버티지 못하고 시들어 버리는 꽃을 뽑아 정리할 때마다 나도 모르게 허무라는 단어가 머릿속을 맴돈다. 그럴 땐 모든 게 부질없다는 생각마저 든다. 썩은

내를 풍기기 시작하는 꽃을 쓰레기봉투에 넣기 위해 가위로 잘게 자르고 있노라면 텅 비어버린 꽃자리처럼 공허하고 무의미하게 느껴지며 손에 힘이 빠진다. 죽음의 냄새. 죽음의 기억…. 그리고 미안함. 그리하여 누군가는 꽃다발이나 꽃바구니에 담긴 꽃을 극구 사양했던 것일까.

　어느 날, 아름다움이 절정인 상태의 꽃꽂이를 바라보다가 문득 곧 사라져 버릴 그 모습이 너무도 안타까워 붓을 집어 들었다. 나만의 방식과 감정으로 그려낸 꽃은 꽃밭에 있을 때나 화기에 꽂혀 있을 때와는 또 다른 모습이었다. 그중 어떤 꽃은 의도치 않게 전혀 다른 종으로 탄생하기도 한다. 평소 꽃꽂이가 절제와 여백을 고려한다면 그림을 그리기 위해 꽃을 꽂을 때는 마음껏 화려하게 꽂는다. 꽃이 열흘 붉기 어려움에도 온 누리가 여전히 꽃밭인 이유는 최선을 다해 살아내려는 그들의 눈물겨운 노력 때문이리라.

　어쩌다 결말을 알아버린 영화처럼 우리도 우리의 마지막을 알고 있다. 세상의 모든 사라져가는 것들에게 응원을 보낸다. 직접 심고 가꾼 꽃을 꺾어 꽃꽂이하고 그것을 그림으로 그리니 그야말로 '느린 그림'인가. 캔버스 위에서 하나둘 꽃송이가 벌어진다. 휴케라의 가늘고 긴 꽃대가 허전한 배경에 고운 선을 그리며 지나간다. 영원히 지지 않는 꽃이다.

너구리

깊어지는 가을 아침에 너구리를 보았다. 너구리는 큰길에서 갈라져 내려가는 1차선 도로 위에 잠자듯 모로 누워 있었다. 워낙 좁은 길인 데다 바로 코앞이 풀숲인 것으로 보아 황급히 길을 건너다가 변을 당한 모양이었다. 혼자였을까? 가족들과 함께 길을 건너다가 그리 됐을까? 가까스로 차를 피해 조금 늦게라도 무리를 따라갔다면 얼마나 좋았을까. 오늘 정말 큰일 날 뻔했다고 가슴을 쓸어내리며 포근한 둥지에서 곤한 몸을 누일 수 있었다면….

그곳은 갓길로 빠지며 바로 휘어지는 내리막이다 보니 쓰러져 있는 너구리를 발견하자마자 급히 속도를 줄이며 방향을 틀어야만 했다. 거친 털 위에 된서리가 하얗게 내렸다. 놀란 가슴으로 뒷거울을 보니 뒤따라오던 차도 서둘러 방향을 바꾸는 모습이 보인다. 또다시 아프게 하고 싶지 않은 마음…. 아무것도 해주지 못하는 안타까움…. 작은 죽음 앞에서 숙연해진다.

올봄에도 너구리를 보았다. 남편과 함께 비닐하우스에 이른 감자를 심을 때였다. 끝이 보이지 않는 긴 하우스 네 동에 감자를 심는 일은 만만치 않았다. 북향 산그늘에 잔설이 남아있는 2월인데도 하우스 안은 뜨거웠고 움직일 때마다 흙먼지가 풀풀 일었다. 점점 심해지는 어깨와 허리의 통증으로 나는 말을 잃었다. 아니 자꾸 화가 났다. 그렇다고 남편이 혼자 무던히 애를 쓸 게 뻔한데 나 몰라라 할 수도 없는 노릇이었다. 취미로 농사를 짓는다더니 나도 몰래 이렇게 크게 일을 벌여 놓았을 줄은 꿈에도 몰랐다. 학원은 저녁에나 수업을 시작하니 오전에 운동 삼아 농사를 짓겠다 했을 때 굳이 말릴 이유가 없었다. 차에 실리는 엄청난 씨감자의 양에 놀라긴 했지만 감자는 원래 그렇게 씨가 많이 들어가는 줄 알았다. 온종일 감자 싹을 자르면서도 좋게 좋게 생각하려고 노력했었다.

가슴이 터질 것 같아 하우스 옆 비닐을 훅훅 감아올렸다. 잠시 앉아 땀을 식히던 그때 하우스 밖의 마른 풀 사이로 천천히 움직이는 생명체가 보였다. 길고양이이려니 했지만, 자세히 보니 너구리였다. 비쩍 마른 너구리는 힘겹게 발을 떼고 있었다. 다친 것인지 굶주린 것인지 털은 듬성듬성 빠져있고 꾀죄죄했다. 가까이에 사람이 있는데도 아랑곳하지 않고 앞만 보고 나아가고 있었다. 삶이 고달파 보였다. 마치 흙투성이가 된 우리의 모습 같았다. 낯선 짐승 냄새를 맡았는지 갑자기 마을의 개들이 짖기 시작했다. 너구리는 이내 풀숲으로 사라져 다시 볼 수 없었지만, 그 후로 비닐하우스에서 일할 때마다 습관처럼 멍하니 흔들리는 풀잎을 바라보곤 했다.

우리는 어두운 시간을 지나고 있었다. 부모님이 남겨주신 숙제를 해결하기 위해 고군분투하는 남편을 곁에서 바라보며 나는 수시로 가슴을 졸였다. 남편은 어쩌면 감자를 캐고 배추를 나르면서 잠시 어깨 위의 무게를 잊고 싶었는지 모른다. 노력한 만큼 수확한다는 말을 정답이라 증명하고 싶었는지도 모른다. 비록 배추 농사는 두 번이나 실패했지만 비싼 경험을 했으니 그것도 일종의 수확이라며 검게 그을린 남편이 환하게 웃는다. 1년 동안 나와 아이들을 그렇게 힘들게 해 놓고도 저리 싱겁게 웃는다.

끔찍하게 힘들었던 기억에 나는 지금도 기가 막히지만, 돌이켜보면 순간순간 감사한 나날이었다. 가격이 급락해 팔 수 없게 된 배추를 온 동네 사람들과 나눠 먹고, 처음이라 불량이 많았던 인큐애호박도 저녁마다 이웃들에게 배달했다. 못생긴 감자도, 고구마도 나누어 먹을 사람이 있으니 다행이었다. 반가워하고 고마워하면서 힘이 들까 걱정해 주는 이웃들이 있어서 위로받았다. 비록 몸은 힘들었지만 그렇게 우리의 힘든 시간이 지나가고 있다는 게 무엇보다도 고마웠다. 그러고 보니 농사가 끝나자마자 남편과 머리를 맞대고 내년 농사 계획을 짜고 있는 나도 조금 우습기는 하다.

아침마다 지나는 그 길 위에 아직도 너구리가 누워 있다. 그곳이 가까워질수록 자그마한 몸이 부서져 있을지도 모른다는 생각에 머릿속이 아득해진다. 힘겹고 불안한 삶을 마무리하지 못하고 떠난 것 같아서 너무도 가엽다. 며칠 새 더 야윈 너구리를 조심히 비켜 내려와 길가에 차를 세우고 준비해 온 장갑을 꺼냈다. 깜짝 놀랄 만큼이나 가벼운 몸을 들어 양지바른 풀밭 위에 놓아주며 부디 편안히 쉴 수 있기를 빌어본다.

3.

산딸기

오늘 내 인생의 갈피에

장밋빛 영화 같은 장면이 하나 보태어졌다면,

앞으로의

내 삶의 전개와

결말도 달라졌을까?

살생의 기억

한복을 입고 성당 맨 앞자리에 앉아 있다. 강론을 듣고 있는데 제단 아래에서 작은 딱정벌레 한 마리가 부지런히 기어가는 것이 보인다. 곧장 가면 밖으로 나갈 수 있을 텐데, 이내 방향을 틀어 왔던 길로 돌아가기를 반복한다. 잠시 후 300명에 가까운 사람들이 두 번이나 제대 앞으로 나갔다가 들어와야 한다. 600명의 발길에 저 벌레가 살아남을 확률은 0퍼센트에 가깝다. 도무지 신부님의 강론에 집중할 수가 없다. 어떻게든 벌레를 구해볼 방법을 생각해 보지만 경건한 미사를 망칠 용기가 생기질 않는다.

지난봄 남녘에 바지락을 주문해서 받았을 때도 그랬다. 굵직한 것을 골라 삶기 위해 손질하는데 뭔가 빠르게 움직이는 생명체가 보였다. 엄지손톱만 한 새끼 게다. 어쩌다 조개 틈에 끼어 이 먼 곳까지 오게 되었을까. 차마 먹을 수도, 기를 수도, 그렇다고 몇 시간을 차로 달려가 바다로 돌려보내 줄 수도 없는 막막함. 냉장고 밑으로 도망쳐 숨어버린 게를 끝까지 찾지 않고 나는 애써 그를 잊었다.

싱싱한 회를 먹기 위해 수족관에서 헤엄치는 생선을 직접 고르고, 톱밥에 파묻혀 퍼드득거리는 꽃게를 사다가 간장게장을 담가 먹는 내가 어쭙잖은 동정심으로 괴로워할 때면 왠지 가식으로 느껴질 때가 있다. 배부른 사자가 작은 토끼에게 베푸는 알량한 호의와 같은 것인가? 전쟁영화에서 수많은 사람을 무자비하게 해치던 자가 두려움에 떠는 아이와 눈이 마주친 후 갑자기 측은지심이 발동하는 것과 같은 심리일까?

내게도 벌레 한 마리쯤은 눈도 끔쩍하지 않고 죽이던 시절이 있었다. 비 오는 날 지렁이에게 왕소금을 뿌리고, 개미집에 물을 붓고, 거미줄을 걷어 모아 잠자리를 잡았다. 파리채로 파리를 살짝 쳐 기절시킨 후 무당거미에게 매일 조공으로 바치기도 했다. 거미줄에 던져진 파리가 깨어나 날개를 파닥거리면 커다란 거미가 스르륵 다가와 파리를 물어 마비시킨 뒤, 꽁무니 줄로 친친 감아 체액을 빨아 먹었다. 나는 숨죽여 그 광경을 지켜보며 약육강식이라는 대자연의 질서에 일조한 듯 묵직한 보람을 느꼈다.

그 당시 여름 방학 숙제에는 으레 곤충채집이 있었다. 문방구 앞에는 색색의 플라스틱 채집통이 산더미처럼 쌓여 아이들을 기다렸다. 우리는 포충망을 들고 뛰어다니며 살아 움직이는 것들은 모조리 잡아다가 핀으로 꽂아 말렸다. 귀하고 신기한 모양의 곤충을 잡을수록 개학 날 의기양양했다. 통쾌하고 아름다운 시절이었다. 세상이 내 마음대로 움직일 것이라는, 나는 늙지도, 죽지도 않을 것이라는 근거 없는 확신으로 참으로 홀가분한 나날이었다.

　그러나 첫아이를 낳고 모든 것이 달라졌다. 오랜 진통 후에 힘겹게 만난 아이는 살아있는 것에 대해 경외심을 갖게 했다. 나로 인해 한 생명이 태어나면서 내가 이 세상에 머무는 이유가 명확해졌다. 그리고 나와 내 아기 역시 우리 이전에 살다 간 사람들과 똑같은 길을 갈 수밖에 없다는 것을 한순간에 깨닫고 말았다. 단 한 사람도 예외는 없었다. 순진무구한 아기를 바라볼 때마다 가슴 깊숙한 곳이 날카로운 것에 찔린 듯 아려왔다. 엄마가 된 후 이제 다시는 가뜬한 마음으로 살 수 없으리라는 것을 직감했지만, 단언컨대 그것은 어마어마한 행복의 시작이었다. 둘째 돌이 지나고 얼마 후 셋째를 임신했을 때 산부인과 의사가 낙태를 권했다. IMF 외환위기로 모두가 힘겹고 불안하던 때였다. 우리는 조용히 병원을 옮기고 아기를 낳았다. 아기는 선택이 아니라 선물이었다. 아이들이 성장하는 모습을 보며 우리가 옳았음을 거듭거듭 확인했다.

　요즘 낙태죄 폐지 논란이 한창인 가운데 아일랜드에서는 이미 낙태가 제한 없이 허용되었다고 한다. 우리나라는 아직 법이 존재하는데도 1년에 100만 명에 이르는 태아가 엄마 아빠의 얼굴을 보지 못하고 사라져 간다. 태아를 살해하는 것은 명백한 죄다. 설령 낙태가 합법화된다고 하더라도 부모가 자신의 아기를 죽인다는 사실은 달라지지 않을 것이다. 유명무실한 법일지언정 죄는 죄로 남겨두어야 한다. 부당한 행동을 용인하는 법은 잘못된 법이 아닐까? 우리는 모두 낙태

되지 않아 태어난 존재들이니 우리가 바로 그 증인이다.

　며칠 전 고양이를 치었다. 이웃 어르신 병문안을 가기 위해 좋은 마음으로 나선 길이었다. 갑자기 달리는 차 앞으로 뛰어든 노란 고양이를 발견하고 소리를 지르면서도 피할 겨를이 없었다. 급히 차를 갓길에 세웠다. 차마 돌아볼 수 없어 뒷거울을 보니 어린 고양이가 고통으로 몸부림치고 있었다. 오가는 차를 피해 고양이에게 달려갔을 때는 이미 숨이 끊어진 후였다. 4차선 한가운데서 펑펑 울면서 자그마한 주검을 수습했다. 그날 밤 나는 두려웠다. 한 생명을 죽이고 아무런 책임을 지지 않아도 된다는 것이 괴롭고 무서웠다. 그리고 철없던 시절 나로 인해 죽어간 생명들에게 미안했다. 너무나 미안했다.

8월의 크리스마스

'정원'이 오토바이를 타고 달리던 거리에 내가 있다. 금방이라도 스쿠터 소리가 들려오고 그가 사람 좋은 웃음을 지으며 지나갈 것만 같다. 어쩌면 나는 급히 손을 흔들며 인사를 건넬지도 모르겠다. 몽땅한 플라타너스 가로수가 듬성듬성 서 있는 이 길이 왠지 눈에 익다. 아주 오래전 엄마의 손을 잡고 거닐던 추억의 시절로 돌아온 것 같기도 하고, 초등학교 때 자주 왕래하던 아현동 어디쯤인 듯하기도 하다. 『8월의 크리스마스』 영화 촬영지인 이곳이 마치 주인공과 내가 함께 존재하는 시공간인 것처럼 느껴진다. 눈길이 머무는 곳마다 그의 잔영이 보인다. 이곳에 영원히 머물러 있을 것 같은 사람. 나는 오늘 그를 만나러 왔다.

   세월이 많이 흐른 탓일까. 거리는 영화 속 풍경과 온전히 일치하진 않았다. 하지만 내 시선은 천천히 기억의 조각을 꺼내어 맞추며 그의 흔적을 찾아 헤맨다. 불치병을 앓는 정원이 자신의 짧은 삶을 차분하게 정리해 나가는 과정을 담담하면서도 섬세한 시선으로 표현한 장면들은 영화를 보는 내내 허구라고 생각할 틈을 주지 않았다. 아니 그것은 창작이라고 이름 붙인 현실이었다. 우리에게는 지어낸 이야기라고 해도 믿을 만큼 가슴 아픈 실제가 얼마나 흔한가. 차라리 상상이라면 더 믿길 일들이 무시로 허다하지 않은가.

어색한 발걸음으로 들어선 초원사진관 안은 다행히 예전 모습 그대로다. 여주인공 '다림'이 앉아 쉬던 검은색 소파도, 대부분 소품도 제자리를 지키고 있다. 벽 한쪽에는 영화를 촬영하며 찍은 사진들이 빼곡하게 붙어있는데 그가 사랑했던 어여쁜 여인의 모습에 자꾸 눈길이 가며 미소가 지어진다. 그러나 정원이 동네 친구들과 함께 찍은 사진 앞에서 나도 모르게 먹먹해진다. 그들의 슬픔을 삼킨 표정에서 작별할 순간이 가까이 다가와 있음을 단번에 알아챌 수 있었다.

이번 여행에서 줄곧 안젤라 언니가 떠오른 것은 어찌 보면 당연한 일이었다. 몇 년 전 그녀를 처음 성당에서 만났을 때 언니의 병은 이미 깊어질 대로 깊어진 상태였다. 그날은 언니가 얼마 남지 않은 시간을 예감한 듯 스스로 성당을 찾아와 신부님과 면담하고 세례받기를 청했던 날이었다. 우리는 무슨 인연으로 힘겨운 시간을 함께하게 된 것일까. 나이는 적었지만 나는 기꺼이 그녀의 대모가 되기로 했다. 언니에게 닥친 상황은 너무도 애처로웠다. 왜 그동안 한 번도 건강검진을 받지 않았냐는 어리석은 질문에 그녀는 쓸쓸한 미소를 지었다. 그 작은 몸이 점점 더 야위어 가는 것을 지켜보면서도, 나는 아무것도 도와줄 수 없었다. 같이 하고 싶은 게 많았지만, 따뜻한 음식한 그릇도 함께 나누지 못하고 멋진 풍경을 보여주지도 못했다.

　시골에 집 짓고 인생 2막을 기대하다가 갑자기 죽음과 직면하게 된 언니는 때때로 절망하면서도 끝까지 희망의 끈을 놓지 않았다. 성인이 되었다고는 해도 아직 어리기만 한 남매를 남편에게 맡기고 세상을 등지기에는 참으로 아까운 나이였다. 텃밭에 심은 블루베리가 첫 열매를 맺었을 때 언니에게는 마당을 거닐 힘조차 남아있지 않았지만, 그 작은 열매를 애써 따 모아 감사한 분들에게 선물했다. 평소 바지런하고 선하게 살아왔을 언니가 도대체 왜 이런 고통을 겪어야만 하는지 아무라도 붙잡고 따져 묻고 싶었다.

　얼마 후, 언니는 며칠 동안 일어나지도 못했던 몸을 추슬러 성당에 와서 기쁘게 안젤라가 되었다. 나는 언니가 세례받는 동안 곁에서 언니를 부축하며 기도하고 또 기도했다. 하지만 우리가 그토록 간절히 바라던 기적은 일어나지 않았다. 언니의 시계는 모질게 마지막을 향해 치닫고 있었다. 내가 찾아가면 겨우 일어나 앉으면서도 늘 반가운 얼굴로 맞아주었다. 가끔 아이들에게 밥을 해주는 꿈을 꾼다고⋯. 평범했던 어떤 날처럼 웃고 떠들며 아이들과 이야기하는 꿈을 꾼다고 말하는 언니는 자식을 키우던 그 시절이 가장 돌아가고 싶은 시간인 듯했다. 행복한 꿈에서 깨어 혼자 우두커니 있을 때 어떤 마음이었을까. 살고 싶다며 눈물 흘리던 마지막 모습이 내 가슴 속에 아직도 남아있다. 그 장면은 영화 속 정원이 병원 침대에서 꿈을 꾸며 미소를 짓던 모습과 오버랩되어 오래도록 나의 마음을 저민다.

얼마 전 '유 퀴즈 온 더 블럭'이라는 프로그램에 출연한 최민식 배우로부터 정원 역을 맡았던 배우 한석규 씨의 최근 소식을 들었을 때, 내게는 정원이 아직도 살아 있다는 말처럼 들려 너무나 반가웠다. 그렇구나. 한석규 씨는 살아서 충주호에서 붕어낚시를 하고 있구나. 그는 혼자 조용히 낚시하며 좋은 시간을 누리고 있구나.

이 세상을 떠난 분들이 모두 어디에선가 잘 지내고 있다면 얼마나 좋을까. 흔적도 자취도 없이 사라져 버리는 것이 아니라 그 어떤 고통도, 걱정도, 번뇌도 없이 그렇게 고이 있을 수 있다면…. 그리 그곳이 평안해서 단 한 명도 다시 돌아오지 않는 것이라면 얼마나 다행일까.

정원의 마지막 독백이 마음을 울린다.

'내 기억 속의 무수한 사진들처럼 사랑도 언젠가 추억으로 그친다는 것을 난 알고 있었습니다. 하지만 당신만은 추억이 되질 않았습니다. 사랑을 간직한 채 떠날 수 있게 해준 당신께 고맙다는 말을 남깁니다.'

첫눈

얼마 전 음성·진천 지역에 폭설이 내렸다. 첫눈이 기록적인 폭설로 기록되다니 흔치 않은 일이었다. 그날 나는 공교롭게도 진천 배티 성지에 다녀와야 했다. 이른 아침부터 이곳저곳에서 들려오는 눈 소식이 신경 쓰였지만, 선생님 두 분을 모시고 서둘러 길을 나섰다. 오래전부터 행사를 준비해 온 분들은 이렇게 궂은 날씨 속에서도 정성을 다해 동분서주하고 있을 것이기에 꼭 참석하여 힘을 보태고 싶었다.

고속도로에 들어서자 눈발이 굵어지기 시작했다. 고속도로 눈길 운전은 처음이라 조심스러웠다. 그러나 국도로 내려서자 길은 더 미끄러웠다. 과연 서슬 퍼런 박해를 피해 천주교인들이 숨어들었다던 골짜기답게 성지에 가까워질수록 첩첩산중이었다. 골이 깊어질수록 눈은 더욱더 세차게 내렸다. 이렇게 앞이 보이지 않을 정도로 눈이 왔던 기억이 언제였던가. 그 와중에도 차창으로 보이는 눈꽃이 너무도 아름다워 우리는 환성을 질렀다. 지레 겁먹고 오늘의 일정을 포기했다면 만나지 못했을 아름다운 풍경이었다.

　운이 좋게 제설 차량을 만나 바로 뒤를 병아리처럼 졸졸 따라가니 운전이 수월해졌다. 내 차 뒤로 긴 차량 행렬이 생겨났지만, 다행히 모두 제시간에 도착했다. 하지만 미사와 행사 내내 문득문득 집에 돌아갈 길이 걱정되는 것은, 나도 어쩔 수 없었다. 아뿔싸. 엎친 데 덮친다더니 점심 식사는 가파른 언덕을 100미터 정도 올라간 곳의 식당에 준비되어 있었다. 평지도 미끄러운데 우산까지 들고 선생님과 함께 언덕을 오르자니 고행길이 따로 없었다. 우리는 서로를 부여잡고 설설 기다시피 하면서도 자꾸 웃음이 났다. 다른 사람들도 모두 넘어지지 않기 위해 조심하면서 아름다운 나무 밑을 지날 때마다 감탄을 연발했다. 김이 폴폴 나는 따뜻한 점심을 먹으며 창문 밖에 있는 커다란 감나무를 바라보았다. 행복한 한 끼. 밖에는 함박눈이 내리고 붉고 자잘한 수많은 홍시 위에도 눈이 소복이 쌓여 반짝이는 등불처럼 보였다. 오늘이 오래도록 기억될 것만 같은 좋은 예감이 들었다.

　차에 오르자마자 재난 문자가 울려대기 시작했다. 고속도로에서 눈길 미끄럼으로 인한 추돌사고가 양방향 모두 발생한 모양이었다. 결국 우회도로로 돌고 돌아 우여곡절 끝에 집에 도착하니 맥이 탁 풀렸다. 선생님도 온 힘을 쓰셔서 여기저기 결리고 아프실 것만 같아 걱정이었다. TV에서는 비닐하우스와 노후주택이 무너지고 축사가 붕괴했다는 뉴스가 쏟아져나오고 있었다. 애써 가꾼 채소와 꽃들이 무너진 하우스 위로 내린 눈에 덮여 모두 얼어버렸다고 한다. 습기를 잔뜩 머금은 무거운 눈이 피해를 키운 모양이었다. 얼마나 막막할까. 절망에 빠진 사람들에게는 이 순간에도 도움의 손길이 절실할 것이다.

  어린 시절에는 눈이 내리는 게 마냥 즐겁기만 했다. 한반도 지도가 그려진 종이에 검은색 매직으로 시원시원하게 등압선을 그리며 일기예보를 하던 김동완 아저씨가 눈이 온다고 예보하면, 수시로 창문에 매달려 가로등 불빛을 내다보며 눈이 내리기를 기다렸었다. 언제부터인가 눈 소식이 들려오면 걱정부터 앞서고 번거롭다는 생각이 먼저 든다. 나도 어느새 나이가 들었다는 증빙일까. 눈이 내린 날, 온 세상이 고요하면서도 훤한 아침이 그리도 좋더니 사람이 영 달라져 버렸다.

MBTI

집에 돌아오면 옷을 겨우 갈아입고 우선 잠시 눕는다. 두 시간여 모임에 다녀왔을 뿐인데 마라톤이라도 하고 온 사람처럼 쓰러져 멍하니 있다. 무대에 올랐거나 말을 많이 하고 돌아온 날은 더 오랫동안 누워있다. 한동안 그렇게 있다가 곁에 온 고양이를 가만히 쓰다듬으면 보드라운 털처럼 마음이 잔잔해지면서 다시 움직일 힘이 생긴다. 오래된 습관이다. 낯가림이 심해서인지 사람이 많은 곳에 다녀오면 멀미가 나고 어지럽다.

겉으로는 웃고 있어도 마음속으로는 빨리 집에 가고 싶다는 생각을 수도 없이 한다. 꼭 참석해야 하는 행사나 예식에는 숙제를 해치우는 마음으로 간다. 어서 이 과제를 끝내고 마음 편하게 혼자 있고 싶다고 생각한다. 어릴 때도 갑자기 집에 손님이 오면 후다닥 다락방에 숨곤 했었다. 손님이 엄마와 이야기를 마치고 돌아갈 때까지 다락방 구석에서 노끈으로 묶어 놓은 책을 빼내어 읽거나 한강 쪽으로 난 조그만 창문으로 시시각각 변화하는 노을을 하염없이 바라보곤 했었다. 나이 들고 넉살 좋은 중년이 되면 나아지리라 기대했으나 헛된 희망이었다. 한 번 그렇게 태어난 사람은 끝까지 그렇게 살아야만 하는 법칙이라도 있는 것인지 전혀 달라질 기미가 보이지 않는다.

반대로 오래 만나 익숙해진 사람들과는 활기차고 명랑하게 지낸다. 두 얼굴, 세 얼굴이라도 되는 걸까? 학창 시절에는 친구들에게 개그우먼을 해보라는 황당한 소리도 들었던 것 같다. 어느 날 내가 커밍아웃하듯이 심각하게 이런 고충을 털어놓으면 대부분 피식하며 웃는다. 분명 그들과도 어색한 첫 만남이 있었고 빙빙 겉돌던 시간이 있었을 텐데 다행히 내가 능청스럽게 연기를 잘했거나 시간이 지나 그들의 기억이 희미해졌음이 틀림없다. 나는 왜 늘 이 모양인지…. 지금껏 살아오면서 내 성격이 마음에 안 들고 스스로 감당하기 힘든 부분들이 툭툭 불거져 성가실 때마다 세상에 나 같은 사람이 또 있을까 하고 생각했다. 모두 편안하게 잘 살아내는 것 같은데, 나는 왜 자주 불편하고 삶과 직면하지 못하는 걸까.

예전에는 걸핏하면 혈액형을 물어대더니 언제부터인가 MBTI를 궁금해한다. MBTI를 이용한 마케팅도 활발하고 다양한 프로그램도 많아졌다. 하다 하다 이젠 대통령이나 연예인의 성격을 놓고도 MBTI 타령이다. 처음 MBTI를 검사했을 때 정말 깜짝 놀랐다. 마치 나를 오랫동안 관찰한 사람이 만들어 놓은 것처럼 나와 거의 일치하는 성격 유형이 있었다. 나만 이런가 하고 쓸쓸하게 살아오던 내게 느닷없이 지구 전체 인구의 4%나 되는 익명의 동지가 생겼다. 그러나 그뿐.

어디에 있는지도 모를 나와 비슷한 사람을 어떻게 찾는다는 말인가. 또 행여 찾은들 무엇이 달라진다는 말인가. 아이러니하게도 오히려 나와 장단이 잘 맞고 자주 어울리는 사람들은 대부분 나와는 전혀 다른 성격의 소유자였다.

MBTI는 나 자신을 이해하는 데 도움을 주었다. 내가 왜 힘든 여건에서도 그토록 글쓰기와 그림 그리기에 몰두했는지. 혼자만의 시간에 빠져있는 동안 어떻게 내면의 나와 소통하고 힘을 얻었는지. 또 여러 가지 방식으로 나를 표현하면서 어떤 모습으로 세상 앞에 서고 싶어 하는지도 알게 되었다. 일반적인 틀에 얽매이기 싫어하고 다른 사람을 배려하지 않는 행동에 유난히 분노했던 것도, 현실의 불의에 자주 상처받고 좌절했던 것도, 철없이 아름답고 순수한 세상을 꿈꾸던 것도 이제야 설명되었다. 게으른 완벽주의자라는 꼬리표도 변명할 여지가 없다. 실수 없이 해내고 싶은 마음에 오랫동안 일을 미루고 벼르다가 생긴 별명이기 때문이다.

그러나 이러한 특징들이 나의 전부라고는 말할 수 없다. 사람은 그렇게 단순한 존재가 아니다. MBTI가 자기 자신을 이해하고 정체성을 찾는 데 도움은 줄 수 있겠지만 왠지 이 열풍이 석연치 않은 점도 같은 이유다. 한 사람에 대한 진지한 관심과 이해보다 16가지로 분류해 놓은 성격 유형 하나에 꿰어맞춰 섣불리 판단하고 몇 마디의 단어로 단정하여 매도해 버리는 일도 종종 있지 않은가. MBTI가 무엇이냐고 물었더니 정상이라고 답했다는 우스갯소리가 있다. 세상의 변화에 민감하지 못한 사람을 놀리는 말이지만, 성격에도 좋고 나쁨이 있다는 선입견에 비틀어 대답하는 말로도 들려 한편으로는 시원하기도 하다.

내 MBTI는 정상이다.

달과의 추억

초승달이 뜨면 친구에게 전화를 건다. 얼른 마당으로 나와서 달을 보라고. 음력 초사흘에 뜨는 눈썹 모양의 달을 보면 일이 바빠진다는 속설을 듣고부터 생긴 버릇이다. 사업을 하는 친구가 더 번창하기를 바라는 마음에서다.

어젯밤에도 친구에게 전화했다. 음력 17일 달이 보름달보다 더 크게 떠오르고 있었다. 어찌나 훤한지 누가 커다란 쟁반을 들고 서 있는 것 같았다. 친구는 어느새 한 달이 지나 또 초승달이 떴나 보다 하며 달을 내다보다가 둥근 달을 보고 웃음이 나왔다고 한다. 문득 김용택 님의 시가 떠올랐다.

달이 떴다고 전화를 주시다니요 / 김용택

달이 떴다고 전화를 주시다니요
이 밤 너무 신나고 근사해요

내 마음에도 생전 처음 보는
환한 달이 떠오르고
산 아래 작은 마을이 그려집니다
간절한 이 그리움들을,
사무쳐 오는 이 연정들을
달빛에 실어
당신께 보냅니다

세상에,
강변에 달이 곱다고
전화를 다 주시다니요
흐르는 물 어디쯤 눈부시게 부서지는 소리
문득 들려옵니다

1993년 출간된 김용택 시인의 시집 『그대, 거침없는 사랑에』 수록된 시다. 30여 년 전에 읽었던 시가 오늘 밤에 갑자기 떠오른 것은, 저 시를 쓰던 시인의 마음이 바로 오늘의 내 마음과 같아서이리라.

그때 우리 시골집에서 소리쳐 부르면 들릴만한 거리에 농막을 지은 선배에게 전화가 왔다. 농막에 들어와 있다고 같이 달구경 하잖다. 「달이 떴다고 전화를 주시다니요」의 현실판이다. 우리는 곧바로 만나 바람 시원한 데크에 자리를 잡고 앉았다. 조촐한 간식을 놓고 이야기꽃을 피우는데 연일 열대야로 잠 못 이루던 도시와는 달리 상쾌한 바람이 불고 바람에서 편백 나무 향기가 난다. 마음속 이야기하며 울다가 웃다가…. 밤은 깊어지고 달은 점점 높이 떠오르고 우리의 밤마실은 오래도록 추억으로 남을 것만 같다.

늦은 밤 선배와 헤어져 시골집에 들어서니 우리 집 마당에도 달이 휘영청 하다. 시골집 마당에서 마주한 달이 오래전, 이 집에 살 때의 추억을 소환했다. 딸아이가 초등학교에 다닐 때 여름 방학 숙제로 달 관찰하기가 있었는데 매일 같은 시간에 같은 자리에서 달을 바라보고 그림일기를 쓰는 숙제였다. 어둑한 저녁에 해야 하니 어쩔 수 없이 나도 함께 나가 딸아이 곁에 있어 줘야 했다. 딸은 기억할지 모르겠지만 매일 달을 만나러 나가고 달이 떠오르기를 함께 기다리던 그 시간이 참 좋았다. 저녁 설거지를 하다가도 "엄마! 달!"하는 소리가 나면 함께 뛰어나가곤 했었다. 그러나 얼마 되지 않아 숙제는 엉망이 되었다. 달은 매일 같은 시간에, 같은 자리에서 뜨지 않았다. 낮 동안 밝음에 숨어 있다가 저녁에 잠깐 얼굴만 내비치고 사라지는 날도 있었고 그조차 볼 수 없는 날도 종종 있었다. 딸의 관찰 일기에 달 없음, 달 없음이 반복되자 실망한 딸은 "우리 선생님은 달 관찰을 한 번도 안 해 보셨나 봐요." 하고 말해 가족이 모두 웃었다.

몇 년 전 밤낚시를 하는데 낚싯대 끝에 달이 걸렸다. 그날 낚시터에서 내 자리에만 달빛이 비쳤다. 옆자리를 흘깃 바라보니 모두 어두

침침해 보였다. 물에 비친 달이 얼마나 반짝거리며 아름답던지 괜스레 옆에 있는 사람들에게 미안했다. 한참을 망설이다가 "혹시 자리 바꿔 드릴까요?" 하고 물었다. "왜요?" 하고 퉁명스럽게 되묻는데 갑자기 뭐라고 해야 할지 몰라 "달이 제 앞에만 있어서요."라고 했다. 그러자 바로 "제 앞에도 있어요."라는 대답이 돌아왔다. 아차! 달은 누구에게나 늘 공평했지. 나는 그걸 또 깜박하고 내가 꽤 특별한 사람인 줄 알았다. 자려고 누우니 블라인드 사이로 달빛이 쏟아져 들어온다. 달은 오늘 밤도 내내 깨어 있으려나 보다.

베로니카

 미사포를 쓸 때마다 고등학교 때 단짝 친구가 생각난다. 우리는 하도 붙어 다녀서 잠시라도 혼자 있으면 짝꿍은 어디 갔냐고 물어보는 사람이 많았다. 친구는 배려심이 많고 아주 밝은 성격이어서 인기쟁이였다. 당시 아현동성당에 다니던 친구는 자신의 세례명이 베로니카라고 소개하며 예수님이 십자가를 메고 가실 때 수건으로 얼굴을 닦아 준 여인의 이름이라고 했다.
 베로니카는 학교가 일찍 끝나는 날이면 성당에 잠깐만 들렀다 가자며 내 손을 잡아끌었다. 그녀는 아현초등학교 건너편에 살고 있었고 나는 굴레방다리에서 버스를 타야 했기 때문에 우리는 성당 근처를 꼭 지나야 했다. 그 당시 나는 종교에 관심이 없었음에도 친구를 따라 성당에 가는 게 왠지 싫지 않았다.
 둘이 함께 육중한 문을 밀고 성당 안으로 들어서면 어둑한 실내는 한여름에도 서늘했다. 그리고 엄마 제사 때 맡곤 하던 향내 비슷한 냄새가 나는 것 같았다. 한순간에 시끄럽던 세상의 소음들이 모두 사라지고 그곳에서는 우리의 발소리만 크게 들려왔다. 문 하나를 사이에 두고 방금 있었던 자리에서 다른 세상으로 이동해 온 것처럼 고요했다. 이상하게도 우리가 어느 때 가든지 성당의 문은 한 번도 잠겨 있던 적이 없었다. 문을 등지고 잠시 서 있으면 눈이 어둠에 차츰 익숙해지면서 성물들의 윤곽이 서서히 드러났다.

성당 안 분위기는 너무도 경건했다. 친구가 무릎을 꿇고 기도하는 동안 나는 맨 뒷자리에 뻘쭘하게 앉아서 기다리곤 했다. 그때 무슨 기도를 그렇게 간절히 하는지 궁금했지만, 한 번도 물어본 적은 없었다. 나중에 성당이 조금씩 익숙해지고 나서는 조용히 일어나 천천히 거닐며 구석구석을 살펴보기도 했다. 어둠 속에 서 있는 성상들은 도무지 알 수 없는 표정으로 나를 유심히 바라보는 듯 보였다. 사실은 나도 친구에게 기도하는 방법을 배우고 싶었다. 신께 꼭 부탁드리고 싶은 것이 있었지만, 그때는 감히 용기를 내지 못했다.

친구는 도시락을 먹을 때마다 성호를 긋고 식사 전 기도하며 가톨릭의 기본적인 예절을 수시로 나에게 설명해 주었다. 어느 날부터인가 자연스레 나도 그녀의 기도가 끝나길 기다렸다가 함께 밥을 먹기 시작했다. 그녀의 말을 듣고 있으면 용어도, 이름도 모두 낯설어 마치 먼 나라 이야기처럼 느껴졌다. 바티칸 시국에 관한 이야기와 요한 바오로 2세라는 교황이 한국 방문을 앞두고 있다는 이야기도 친구에게 처음 들었고, 여러 번의 박해로 스러져간 약 1만 명 중 103위 순교자들의 시성식이 머지않아 여의도에서 거행될 것이라는 소식도 친구를 통해 알게 되었다. 친구가 의도했는지 아닌지는 알 수 없지만 나는 아주 천천히 천주교에 스며들었다.

몇 년 후 내가 세례받게 되었을 때 친구는 미사포를 손수 만들어 선물해 주며 그 누구보다도 기뻐했다. 친구는 그때부터 나를 세실리아라고 불렀다. 내가 천주교에 입교하면서 할머니와 여동생도 함께 신자가 되었다. 나는 첫 미사포를 오랫동안 사용하다가 지금은 너무 낡아져 고이 간직하고 있다. 가끔 서랍을 정리하다가 미사포를 꺼내어 들여다보면 서툰 바느질 자국이 그대로 남아있어 정겹고 친구가 너무도 그리워진다.

휴대전화가 없던 시절, 우리는 오랫동안 편지로 소식을 주고받았다. 하지만 친구가 일본으로 가게 되고 내가 결혼하여 이사를 여러 번 하면서 안타깝게도 연락이 끊어져 버렸다. 그때 정말 고마웠다고, 덕분에 이렇게 성가정을 이루고 잘 지내고 있다고 인사를 전하고 싶어도 방법이 없다. 문득문득 친구가 그리울 때마다 다시 만날 방법을 생각해 본 적은 많았지만, 우리가 주고받았던 편지를 들고 직접 일본으로 찾아가 볼 용기를 내지는 못했다. 일본의 부모님 댁 주소였던 것으로 기억하는데 지금은 너무 늦어버렸을까.

며칠 전 티브이를 보다가 '만날 사람은 언젠가 반드시 다시 만난다.'라는 드라마 속 대사를 듣게 되었다. 정말 그럴 수 있을까. 우리가 다시 만난다면 얼마나 기쁘고 나눌 이야기가 많을까. 그때까지 베로니카가 건강히 잘 지내고 있기를 간절히 기도한다. 그리고 지금 내 곁에는 식사 전 기도가 끝나길 기다려주는, 내가 해주는 가톨릭 이야기를 아주 재미있게 들어주는 친구가 있다.

산딸기

그곳에 산딸기가 많다는 정보는 사흘 전에 입수되었다. 평소 친하게 지내는 옆집 언니가 상기된 얼굴로 찾아와 나에게만 살짝 그 사실을 알렸다. 산딸기밭 주변에는 오디와 개똥쑥도 지천이라고 했다. 게다가 그곳은 사람들의 왕래가 뜸해서 아무 때나 가기만 하면 원하는 만큼씩 따올 수 있을 것이라고도 했다. 횡재가 따로 없었다. 언제부터인가 원인을 알 수 없는 허전함으로 이곳저곳을 기웃거렸다. 쳇바퀴 돌 듯하는 팍팍한 일상에서 벗어나 어디론가 훌쩍 떠나고 싶다는 말을 입에 달고 살던 요즘이었다.

우선 날을 잡아야 했다. 아이들 학교 행사가 있는 다음날과 비가 온다는 그다음 날을 피하고 보니 자연스레 오늘이 거사 일로 낙점되었다. 얼마 전 겪은 일에 의하면 이럴 때 가장 중요한 것은 보안 유지다. 어찌어찌 소문이 나기 시작하면 그곳의 산딸기는 남아나지 않을 게 뻔했다. 우리는 오며 가며 마주칠 때마다 의미심장한 눈빛을 주고받았다. 이른 봄부터 온갖 산나물을 뜯어 나르는 이웃 사람들을 보며 부러워하던 차였다. 나도 따끈따끈한 봄 햇살을 등에 지고 앉아 나물을 캐고 싶었다. 이름 모를 산자락에 삶의 고단함을 잠시 내려놓은 채 모처럼의 여유를 누릴 수만 있다면….

달포 전쯤 산나물 이야기에 폭 빠져있는 이웃 아주머니들께 슬쩍 따라가고 싶은 마음을 비쳐 보았다. 내 말이 끝나기가 무섭게 아주머니들은 산이 가팔라서 위험하다거나, 깜깜한 새벽에 출발해야 한다는 등의 핑계를 늘어놓기 시작하였다. 하지만 마지막에 들을 수 있었던 진짜 이유는 산나물이 있는 위치가 노출되면 곤란하다는 것이었다. 그러면서도 해 온 나물은 잘도 나누어 주었다. 홑잎, 원추리, 취나물, 우산나물, 다래 순 등을 깨끗이 다듬어서 바로 무쳐 먹을 수 있게 데쳐서까지 주는 것이다. 넉넉한 인심에 반하고 봄나물의 향기에 취해 매번 맛있게 얻어먹기는 했지만 직접 산나물을 뜯어보고 싶다는 욕구는 수그러들 줄을 몰랐다.

조르다시피 하여 겨우 동행한 산나물 채취 산행은 전혀 낭만적이지 않았다. 야산의 능선을 쉴 새 없이 오르내리느라 나물인지 풀인지 분간할 짬이 없었다. 더군다나 아주머니들은 '욕심도 투지도 없이 따라만 다니는' 나 같은 사람을 데리고 온 것을 후회하는 눈치였다. 나는 졸지에 천덕구니가 되었다. 낙오되어 산속에 혼자 남겨질까 봐 죽을힘을 다해 쫓아다녔다. 아주머니들은 나물을 발견하면 조금이라도 더 많이 뜯기 위해 서로 경쟁해야 산나물 채취의 진정한 희열을 느낄 수 있다고 했다. 그 강령에 동조하지 못한 이유로 나는 바로 퇴출당

했다. 그리하여 다시 그녀들의 모험담을 재미있게 들어주고, 나누어 주는 전리품을 맛있게 얻어나 먹는 신세가 되고 말았다.

오늘 아침에 언니는 짙은 선글라스에 화려한 스카프를 매고 나타났다. 미모의 스파이 마타 하리 같았다. 마타 하리는 양손에 김치통을 들고 있었다. 시골 아낙네로 변장한 나는 언니 것보다 더 큰 통으로 꺼내 들었다. 산딸기와 오디로 배를 채워보자는 언니의 말에 도시락은 생략했다. 우리는 적들의 눈을 피해 서둘러 출발했다. 오랜만에 보는 언니의 밝게 웃는 모습이 좋았다. 언니는 지난해부터 연이어 닥쳐온 힘겨운 일들을 묵묵히 견뎌내는 중이다. 더군다나 몇 달 전부터는 구순을 바라보는 친정어머니까지 모시게 되었고 요즘에는 요양보호사 자격증을 따기 위해 학원과 요양원에 오가며 동분서주했다.

산길로 접어들고도 또 한참을 굽이굽이 달려서야 목적지에 도착했다. 언니가 실습을 다녔다던 요양원은 그 자리에선 보이지 않았다. 내가 갓길에 주차하는 동안 언니는 먼저 차에서 내려 현장을 확인했다. 이리저리 풀숲을 살펴보던 언니는 할 말을 잃은 듯 우두커니 서 있었다. 딸기가 사라졌다고 했다. 그 많던 딸기가 전혀 안 보인다고 했다. 둘이 함께 그 근처를 샅샅이 뒤져보았지만, 산딸기는 없었다. 믿기지 않았다. 그나마 나는 덜 했다. 산딸기를 직접 봐 두었던 언니는 얼이 다 빠져나간 표정이었다. 나는 '픽'하고 웃음이 터져 나왔다. 언니도 금방 울어 버릴 것 같은 얼굴로 웃기 시작했다. 우리는 우스꽝스러운 모습으로 망연자실해 있는 서로를 바라보며 한참을 그렇게 깔깔대고 웃었다.

　마침, 그곳을 지나가던 마을 사람으로부터 엊그제 웬 여자들이 몰려와 이 일대를 휩쓸고 지나갔다는 이야기를 들을 수 있었다. 언니는 그제야 산딸기밭을 함께 발견했던 몇몇 실습 동기생들을 떠올렸다. 그녀들이 이곳을 훑고 간 후에 비까지 내렸으니, 산딸기가 없는 게 당연했다. 산딸기 작전은 실패했다. 중요한 정보를 제공해 준 마을 사람과 언니 앞에서 내 커다란 김치통이 부끄러웠다.

　차를 돌리기 위해 올라간 산길 끝에서 요양원 건물과 맞닥뜨렸다. 치매와 노인질환 환자들이 머물고 있다는 그곳은 산속에 있으리라고는 짐작하기 어려울 만큼 규모가 컸다. 요양보호사의 손에 이끌려 나와 해바라기하던 몇몇 노인들이 흐린 눈빛으로 우리를 쳐다보았다. 그들은 아무리 기다려도 오지 않을 누군가를 기다리고 있는 듯했다. 저들에게도 분명 빛나고 싱그러운 시절이 있었을 것이다. 사랑하고 자식을 낳아 기르며 치열하게 하루하루를 살아냈을 것이다. 그러나 때때로 지루하게 느껴졌을 그 많던 시간은 돌연히 끝나버리고 이제 그들에게는 몇 오라기의 추억조차 남아있지 않아 보인다. 나도 저렇게 될까? 결국엔 나도 이런 곳에 오게 될까? 두려움인지 애처로움인지조차 분간할 수 없는 착잡한 마음이 밀려왔다. 언니와 나는 돌아오는 내내 아무 말도 하지 않았다.

　늦은 밤에 주방 한구석에 던져두었던 김치통을 치우려고 보니 짓무른 산딸기가 네 개 들어있다. 그마저 비우고 돌아서는 데 마음 한

자락이 또 헛헛하다. 우리가 그토록 채우고 싶었던 것은 과연 무엇이었을까? 오늘 내 인생의 갈피에 장밋빛 영화 같은 장면이 하나 보태어졌다면, 앞으로의 내 삶의 전개와 결말도 달라졌을까? 오늘은 먹어도, 먹어도 허기가 진다.

생명나눔

 장지 안내 없이 장례미사가 끝났다. 평소 장례미사보다 늦은 시간에 미사 시간이 잡혀 그 이유가 궁금했는데 고인이 시신을 기증하였다고 한다. 화장 등의 이후 일정이 없으니 본당 신자들이 참석하기 수월한 시간으로 배려한 모양이었다. 시신 기증은 아직 장기기증보다도 낯설게 느껴지지만, 의학 교육의 발전과 연구를 위해 자기의 몸을 기증하는 것으로 생명을 존중하고 인류의 의학 발전에 큰 도움을 주는 고귀한 희생이다.
 퇴장하는 고인을 향해 신자들이 깊은 절로 인사한다. 평생 다니던 성당에서 자신을 위해 마지막 미사를 봉헌한 고인은 정든 신자들과 신부님의 배웅을 받으며 다시 차에 실려 병원으로 간다. 평소 장기를 기증하겠다고 의사를 밝혀왔지만 여러 가지 사정으로 시신을 기증하게 되었다고 한다. 어머니의 숭고한 뜻을 받드는 가족들의 표정은 담담해 보여도 그 마음이 어떨지 나로서는 감히 가늠할 수가 없다. 다만 돌아가신 후에도 이웃에게 자신이 가진 모든 것을 나눠주시는 분이라면 살아서는 얼마나 많은 사랑을 실천하였겠는가 하고 짐작할 뿐이다.

2009년에 돌아가신 김수환 추기경님도 생전에 이미 사후 각막 기증을 서약한 상태였기에 사망 직후 바로 안구 적출을 진행해 2명의 환자에게 각막을 이식했다. 그 일이 도화선이 되었는지 그 후 각막과 장기기증 서약자가 눈에 띄게 증가하기도 했고 장기기증에 대한 사회의 인식도 많이 개선되었다. 김 추기경이 보여 준 아낌없이 나눠주는 삶의 표상을 통해 감명받은 많은 사람이 '생명나눔'에 동참하였다. 김수환 추기경이 돌아가셨을 때 사망 후 1주일간 각막 기증자가 폭증하여 장기기증운동본부의 업무가 마비될 정도였다고 한다.

나도 얼마 전 장기를 기증했다. 30년 전 소심하게 각막을 먼저 기증한 후 오랫동안 망설이다가 마음을 굳혔다. 당시 친구는 내가 각막을 기증하겠다고 했을 때 "그럼 너는 천국에서 만나도 눈이 없는 거야?"하고 물었다. 그때만 해도 그만큼 생명나눔에 대한 인식이 부족했다. 각막 기증 후 신분증에 새겨진 빨간 하트를 볼 때마다 허세를 부리는 느낌이 들면서도 선뜻 장기까지 기증할 엄두를 내지는 못했다. 종종 뉴스를 통해 갑작스러운 사고로 세상을 떠나면서 여러 사람에게 새 생명을 선물하고 떠난 분들의 사연을 접할 때마다 고민했지만 쉽지 않았다. 그러나 여러 번의 반복된 망설임이 쌓여 어느 날 용기를 낼 수 있었다.

생명나눔은 우리와 그렇게 먼 이야기가 아니다. 막내가 군대에서

다리를 다쳤다는 전화를 받았을 때 얼마나 놀랐는지 모른다. 무엇을 어떻게 해야 할지 몰라 허둥지둥하면서도 멀리 있는 아들을 위해 당장 아무것도 해줄 수 없어 가슴이 타들어 가는 듯했다. 결국 아들은 무릎 수술을 받게 되었다. 힘든 과정이 지나고 나서야 알게 된 것은, 아들이 누군가의 인대를 기증받아 수술했다는 사실이었다. 누구의 인대일까? 그분은 어떻게 시신을 기증하고 돌아가셨을까? 하고 이런저런 상상을 하다가 생명을 나누어 주신 그분께 항상 감사한 마음 잊지 말고 나눔을 실천하며 살자는 이야기를 나누었다.

 예전보다 생명나눔에 대한 인식은 많이 개선되었지만, 아직도 갈 길은 멀다. 장기기증이나 시신 기증 후에 시신에 대한 예우가 부족하다거나 남겨진 유가족에게 충분한 설명과 감정적 배려가 필요하다는 의견이 여전히 많다. 또 본인은 장기기증을 원했지만, 사후에 가족의 반대로 무산되는 경우도 많다. 다행히도 2025년부터는 가족 없는 뇌사자도 장기기증이 가능해지도록 법이 개정된다. 그동안은 무연고자나 고아 등은 당사자가 원해도 동의해 줄 가족이 없어 불가능했었는데 법 개정과 시행으로 본인의 의사를 존중해 줄 길이 열렸다.

 내가, 이 세상을 떠나면서 할 수 있는 최고의 선물은 무엇일까? 나의 생명나눔으로 절망에 빠진 사람에게 희망을 선물할 수 있다면, 누군가에게 새로운 내일을 안겨줄 수 있다면…. 도종환 님의 시 『접시꽃 당신』을 다시 꺼내 읽다가 새롭게 가슴에 와닿는 구절이 있어 조용히 읊어 본다.

콩댐한 장판같이 바래어가는 노랑꽃 핀 얼굴 보며

이것이 차마 입에 떠올릴 수 있는 말은 아니지만

마지막 성한 몸뚱어리 어느 곳 있다면

그것조차 끼워 넣어야 살아갈 수 있는 사람에게

뿌듯이 주고 갑시다

기꺼이 살의 어느 부분도 떼어주고 가는 삶을

나도 살다가 가고 싶습니다

유 선생님을 기억하며

선생님이 먼 길을 떠나시던 날. 마지막 미사를 함께하기 위해 많은 신자가 자리를 메웠다. 이른 시간임에도 성당을 찾아온 몇몇 문우들의 모습도 보인다. 오랜 시간 신앙생활을 함께해 온 신자들과 문학을 통해 우정을 다져온 글 벗들에게 배웅받으며 선생님께서는 누워서도 빙긋이 미소를 지으실 것만 같다.

장례미사가 시작되기 전, 따님과 함께 성당으로 들어서던 사모님과 눈이 마주쳤을 때 말로 다 전할 수 없는 큰 슬픔이 느껴졌다. 사모님은 나를 알아보시고 울음을 터뜨리며 힘없이 손짓하신다. 얼마 전까지만 해도 간간이 뵈었었기에 선생님께서 이렇게 급히 떠나실 거라고는 짐작하지 못했다.

선생님과의 인연이 떠오른다. 내가 음성에 이사 온 지 얼마 되지 않았을 때 성당 회의 시간에 짧은 보고서를 읽게 되었다. 각 단체에서 1년 동안 활동한 내용을 간단히 적어 읽는 자리였는데 선생님께서도 그 자리에 함께 참석했던 모양이었다. 회의가 끝나자 처음 뵙는

분이 나에게 다가와서는 혹시 글을 쓰는 사람이냐고 물었다. 웃으며 아니라고 하자 꼭 글을 써보라고 하는 것이었다. 사실 나는 그즈음에 늘 글에 대한 갈증을 느끼고 있을 때였다. 혼자 동화를 쓰고 있었지만, 굳이 말씀드리지는 않았다. 나중에야 그분이 유대준 선생님인 것을 알게 되었다. 얼마 후 나는 운명처럼 수필을 쓰게 되었고, 월간문학 신인상을 받으며 등단하게 되었다. 선생님께서는 정말 너무도 기뻐해 주셨다. 그 후 선생님을 만나면 항상 손을 꼭 잡아 주시며 좋은 글 많이 쓰라고 격려해 주셨다.

올봄 성모의 밤에 낭독할 신앙에 관련된 글을 받기 위해 댁을 찾아뵈었던 날이 생각난다. 거실 소파에 앉아계신 선생님께서는 걸음이 매우 불편하고, 숨이 차 보였다. 가까이 다가가 인사를 드려도 잘 못 알아보시는 것 같았다. 너무도 마음이 아팠다. 할 수 없이 사모님께 허락받고 선생님 방에 들어가 컴퓨터에서 글을 직접 찾아야만 했다. 꼼꼼하게 정리해 놓으신 글 중에서 신앙에 관련된 글을 찾아 메일이나 카톡에 담아 오면 되는 일이었지만 무슨 이유 때문인지 쉽지 않았다.

한참을 컴퓨터 앞에서 쩔쩔매며 이것저것 물어대는 게 가여웠는지 선생님이 소파에서 일어나셨다. 힘겨운 걸음으로 천천히 걸어 컴퓨터 앞에 앉으시더니 탁탁 자판을 두드리셨다. 놀라운 모습이었다. 그 순간 평생 글을 쓰던 기억이 갑자기 되살아나신 듯했다. 시간은 멈춘 듯이 천천히 흐르고 있었고 선생님은 예전의 여느 날처럼 한참을 그렇게 글에 몰두하셨다. 나는 그저 가만히 곁에 서서 그 모습을 바라보았다. 얼마나 지났을까? 드디어 프린터기가 드르륵드르륵 큰 소리를 내며 인쇄를 시작했다. 그 후에도 선생님께서는 몇 편의 수필을 더 찾아 프린트해 주시고, 또 몇 군데는 다시 퇴고도 해 주셨다. 그 글을 정리해서 성당 마당에 장미 향기가 가득한 봄날 저녁에 낭독했다. 비록 그 자리에 선생님은 함께하지 못하셨지만, 선생님의 아름다운 글을 통해 많은 사람이 선생님을 기억하며 감동했다.

 어쩌면 선생님은 지금도 하느님 품에서 글을 쓰고 계시지 않을까. 음성 문인들을 그리워하며 흐뭇하게 내려다보고 계시지는 않을까. 천상 글쟁이 유대준 바오로 선생님께서 영원한 안식 얻으시기를 기도한다.

작은 교회

월요일 아침. 아파트 지하 주차장 앞에서 다른 차와 충돌할 뻔했다. 나는 서둘러 출근하는 길이었고 상대방 차도 급하게 주차장을 빠져나오는 중이었던 모양이다. 경적을 울릴 틈도 없이 급정거하여 사고는 피했지만, 어찌나 놀랐던지 맥이 풀려버렸다. 만약 사고로 이어졌다면 어떻게 되었을까, 매일 들려오는 이런저런 교통사고 소식은 결코 남의 이야기가 아니었다. 운전을 안 하고 살 수도 없는 노릇이라 늘 조심하지만, 예측 불가한 상황은 언제 어떤 형태로 들이닥칠지 전혀 알 수 없다.

도로를 달리다가 가끔 '교통사고 다발 지역' 또는 '사망사고 발생지점'이라는 표지판을 볼 때가 있다. 같은 사고의 반복을 막기 위하여 특히 조심해서 그곳을 통과하라는 의도라고 생각된다. 그러나 사망사고 지점을 지날 때마다 왠지 스산한 느낌이 드는 것은, 나도 어쩔 수 없다. 지금껏 보고 들었던 사고 장면들이 뇌리를 스쳐 지나가며 어쩌면 우리도 언제든지 그들과 같은 신세가 될 수 있다는 생각이 든다.

그리스의 도로변 길가에서 나무로 만든 작은 우체통 같은 구조물을 본 적이 있다. 크기도 모양도 가지각색이었지만 모두 나무통 윗부분에 십자가가 달려있었다. 처음에 간간이 눈에 띄었을 때는 그 물체의 용도를 모르고 그냥 지나쳤지만, 도로를 달리면서 심심찮게 만나게 되자 점점 그 쓰임새가 궁금해졌다.

며칠 후 아주 우연한 기회에 동행한 신부님으로부터 그 의미를 듣게 되었다. 그것이 세워진 곳은 교통사고 사고 지점으로 유가족이 설치하여 해마다 피해자를 추모하는 용도이고 이름은 '작은 교회'라고 한다. 작은 교회는 크기도 모양도 제각각이었다. 돈이 많은 사람은 크고 보기 좋게 만들고, 가난한 사람은 소박하게 교회 모형에 십자가만 세운다. 디자인이 다양하고 더러는 아름답기까지 해서 누가 어떻게 만들어 설치하는지 궁금했는데 요즘은 제작하여 판매하는 곳도 있다고 한다. 그리스의 작은 교회가 우리나라의 사망사고 발생지점이라는 표지판과 비슷한 쓰임새인 것도 같지만, 우리의 표지판이 경각심을 느끼게 하는 것이라면, 작은 교회는 경건한 마음을 갖게 한다. 가족뿐 아니라 그곳을 지나가는 전혀 인연이 없는 사람들도 돌아가신 분의 명복을 빌 수 있다는 점에서 큰 차이가 있어 보인다.

폴란드 어느 성당의 첨탑 행사도 생각난다. 매시간 정각이 되면 나팔수가 나팔을 부는데 잘 연주하다가 갑자기 음악을 뚝 멈춘다. 의미를 모른다면 어리둥절할 수밖에 없겠지만 대부분 사람은 그 뜻을 알고 숙연해진다. 그것은 옛날에 몽골이 침략해 왔을 때 경보 나팔을 울리다가 목에 화살이 꿰뚫려 죽은 나팔수를 추모하는 이벤트라고 한다. 촌각을 다투는 위급한 상황에서도 나팔수는 끝까지 도망치지 않고 자리를 지키며 위험을 알려 많은 사람의 목숨을 구해냈다. 음악이 끊어진 곳은 바로 그가 사망한 순간이다. 오랜 세월이 지났어도 폴란드 사람들은 그를 여전히 추모하며 고마움을 잊지 않기 위해 노력한다. 죽은 이를 기억하는 방법은 나라마다 문화마다 다양하다. 하지만 떠난 이를 그리워하고 기리는 마음결은 절대 다르지 않다는 생각이 든다.

언제부터인가 운전 중에 사망사고 발생지점 표지판이 보이면 조용히 성호를 긋는다. 그 자리에서 돌아가신 영혼의 영원한 안식을 위해, 그의 남겨진 가족들을 위해 그리고 지금 나와 같은 길 위에 있는 모든 운전자의 안전을 위해 잠시 기도하며 그곳을 지나간다.

4.

그림 같은 세상

사람들은
멋진 사진을 보면 그림 같다고 하면서
잘 그린 그림을 보고는 사진 같다고 한다.
완벽한 직선도 순수한 흰색도 없는
세상이 너무도 아름답다.
그림 같은 세상이다.

그림 같은 세상

 창문 너머로 드넓은 갈대밭이 보인다. 저 멀리 갈대가 희미해 보이는 곳을 지나면 작은 마을이 있고 마을 뒷산에는 어느덧 울긋불긋 가을빛이 내려앉았다. 하늘에는 고래를 닮은 커다란 구름이 신비한 빛을 내며 떠 있다. 바람 한 줄기가 시원하게 불어오자, 갈대는 일제히 바스락 소리를 내며 제 손을 크게 흔들어 자신이 그곳에 있음을 알린다. 확 트인 풍경을 하염없이 바라보고 있자니 어느새 나는 갈대숲 사이로 흐르는 시냇물 가에 앉아 졸졸거리는 물소리를 듣고 있는 듯하다.
 눈을 돌리면 다른 방향의 창을 통해 이웃집 정원이 들여다보인다. 온갖 색의 자잘한 꽃들이 마당에 가득하다. 저 집의 주인은 자연스러운 삶을 추구하나 보다. 꽃밭 사이로 난 좁은 오솔길을 제외하고는 빈자리가 보이지 않을 정도로 꽃이 빽빽하다. 꽃들은 이리저리 휘청거리는 가녀린 제 몸을 서로 기대어 부대끼며 피어 있다. 꽃 사이로 파란색의 물뿌리개가 언뜻언뜻 보이는데 세룰리안 블루와 퍼머넌트

옐로 오렌지의 보색 대비가 꽃만큼이나 아름답다.

내 방에는 창문이 많다. 나는 그림을 그릴 때마다 벽에 창을 하나 낸다고 생각한다. 완성한 그림을 걸면 시선은 그림 속 풍경 너머를 향해 끝없이 달려간다. 그 풍경 속에 내가 있다. 그곳에서의 나는 좀 멋진 편인데 가끔은 모자를 쓰고 있고, 작은 일 따위에 마음 졸이지 않고 주로 대범하다. 내가 들어가 머물러야 할 곳이기에 어떤 그림을 그릴까 천천히 고민하는 시간이 참 좋다. 마음이 편안한 시기에는 정물화를, 혼란스럽고 바쁠 때는 풍경화를 그리는 경우가 많다. 멀리 떠나고 싶어서일까. 짬짬이 그림을 그리며 작업 중인 그림에 빠져들어 있는 시간 동안 천국과도 같은 평화를 맛보기도 한다. 그림은 언제나 아무 말 없이 내 마음을 다독여 준다.

팔을 쉽게 뻗을 수 있는 오른쪽 벽에 물감을 걸어놓고 쓰는데 제일 먼저 닳는 색은 늘 번트 엄버다. 짙은 고동색이라고 해야 할까. 암갈색이라고 해야 할까. 검은색에 가까운 밤색인데 이탈리아 움브리아 지방의 흙을 구워 만든 물감이라고 한다. 번트 엄버는 거의 모든 색에 스며들어 색을 깊고 차분하게 해준다. 특히 그늘진 곳을 그릴 때나 우거진 숲을 표현할 때 아이보리 블랙과 초록 계열의 색과 섞어 쓰면 효과 만점이다. 늘 어수선한 내 마음에도 오일을 한 방울 살짝 찍어 펴 발라 톤다운하고 싶은 색이다.

그저 그리는 순간들을 즐길 뿐 잘 그리고 못 그리고는 별개이다. 잘 그려야 한다고 생각하는 순간 그림은 나를 캔버스 밖으로 밀어내기 시작한다. 내가 그리고 싶은 대상을 마음먹은 대로 표현할 수 없다는 것을 아는 것은 초라한 내 운명을 받아들여야 했던 것과 비슷하다. 내가 노래를 잘 못 부르는 것도, 피아노 실력이 더 이상 늘지 않았던 것도, 결국 접어야만 했던 오랜 꿈도 같은 맥락이지 않을까. 그러나 경지에 오르지 못할 것을 뻔히 알면서도 노력하고 있다는 것은 얼마나 간절한 바람일까.

요 며칠 회벽에 드리운 사과나무의 그림자 부분을 그리고 있다. 흙물이 튀고 이끼가 낀 지 오래된 벽 위에서 의도와 우연으로 마주친 물감들이 사과나무가 되고 그림자가 된다. 미처 생각하지도 못했던 색의 조합이 사과나무 가지 끝에서 바람에 너울거린다. 그럴 때면 캔버스 위의 모든 색깔이 일제히 미세한 조각으로 쪼개지며 색들의 향연이 펼쳐진다. 그 순간에는 그 어느 색도 그곳에 있으면 안 되는 이유가 없다. 가슴 벅찬 자유다.

사람들은 멋진 사진을 보면 그림 같다고 하면서 잘 그린 그림을 보고는 사진 같다고 한다. 완벽한 직선도 순수한 흰색도 없는 세상이 너무도 아름답다. 그림 같은 세상이다.

꽃순이들

카톡이 요란하게 울리면서 꽃 사진이 쏟아져 들어온다. 꽃순이들이라 이름 붙인 카톡방에는 수시로 꽃소식이 전해진다. 오 육십 대 여자 셋이 모여 꽃 이야기를 나누는 방이다. 우리는 가끔 이렇게 정원의 나무와 화초 이야기로 그야말로 이야기꽃을 피운다.

얼마 전 뒤늦게 꽃의 세계에 발을 들인 글 모임 후배로부터 점심 식사에 초대받았다. 그녀는 이따금 만큼씩 꽃 사진을 올리거나 나무의 이름을 묻곤 하더니, 드디어 정원 가꾸기에 푹 빠져들었다. 한번 중독되면 도무지 헤어날 수 없는 세상으로 발을 들이고야 말았다. 후배가 언니들이 왜 그리도 꽃에 열광하는지 이제야 알겠다며 웃는데, 그 얼굴이 너무도 편안해 보이고 고와서 다시 쳐다보았다. 똑소리 나고 야무지다고만 생각했던 후배의 반전 매력이다. 꽃 중독이라니! 세상에서 가장 아름다운 중독이지 않은가.

그녀는 오랫동안 시어머니를 모시고 살던 집 마당을 조금씩 정리하고, 지난해부터 텃밭 자리 한편에 꽃밭을 꾸미기 시작했다. 자신의 직업이 있으면서도 남편의 과수원 일을 거들고, 아들 삼 형제까지 건사하고 키워내느라 그동안은 꽃 한 포기 심고 가꿀 마음의 여유가 없었으리라. 이제라도 꽃을 가꾸며 정원 벤치에 앉아 책을 읽는 자신을 상상한다고 하니, 후배가 하루빨리 꽃그늘에 앉을 날이 오기를 바라는 마음이다.

후배의 전화를 받고 우선 진작부터 선물하려고 마음먹었던 삼색 버드나무를 챙겼다. 작년 봄부터 뿌리내림 해 놓았는데 무사히 겨울을 잘 났는지 유난히 일찍부터 초록빛 새싹을 밀어 올리고 있었다. 막 꽃봉오리가 맺히기 시작하는 보라 유채와 분홍 달맞이꽃, 화분에 옮겨져 집안으로 피신했던 꽃 인심 좋은 아게라툼 화분도 실었다. 사실 이 모든 것이 다 내 것처럼 보여도 그중 대부분은 나도 나눔을 받은 것이다. 포기를 떼어 나눠 줘야 꽃이 더 잘 피는 수련처럼, 정원의 꽃과 나무 또한 서로의 것을 주고받으면서 더욱 풍요로워지나 보다.

함께 초대받은 선배는 다육식물을 비롯해 모든 화초를 기르는 수준이 프로급이다. 선배는 바빠 오는 길임에도 꽃시장에 들러 꽃모종을 한 아름 사 들고 왔다. 늘 이렇게 품이 넓고 따뜻한 사람이다. 우리는 이 순간만큼은 부자가 하나도 안 부럽다며, 꽃 선물 주는 사람이 제일 좋다며 웃음꽃을 피운다. 아직 식물의 이름이 낯설기만 한 후배는 허둥지둥 받아 적기 바쁘다. 아주 오래전 내 모습 같다. 후배가 정성스레 준비한 점심을 먹으며 엄마의 밥상이 생각난 것은 왜일까. 오늘 하루 어린 시절로 돌아간 듯 아무 걱정이 없다.

카톡이 울리며 선배가 당일로 다녀왔다는 서산유기방가옥의 수선화 꽃밭 사진이 올라온다. 끝도 없이 펼쳐진 수선화가 핸드폰 화면을 노랗게 물들인다. 연이어 만발한 앵초꽃이며, 가여워서 안 뽑고 놔둔 봄맞이꽃이 안개꽃처럼 화사하게 피어 있는 사진을 공유한다. 잡초라고 뽑아냈다면 만나 볼 수 없었을 풀꽃이 피어 이리도 아름답게 봄햇살을 만끽하고 있다. 그런가 하면 옆집과 맞닿은 담에 심을 생나무 울타리는 무슨 나무가 좋을지, 주방에서 내다보이는 창문 앞에는 어떤 꽃나무가 어울릴지 의견을 나눈다.

꽃 이야기만 하는 카톡방이라니! 우리는 자식 자랑, 남편 자랑, 돈 자랑이 아니라 꽃을 뽐낸다. 아무리 정원을 아름답게 가꾸어 놓아도 혼자만 본다면 그다지 기쁠 것 같지 않다. 우리는 왜 꽃에 환호하는 것인지. 아마도 삶에 지친 우리를 꽃이 위로해 주기 때문이겠지. 아무런 말 없이….

이름을 적으며

후배가 프랑스 여행 중에 찍어 온 풍경을 그리고 있다. 그녀에게 사진을 전송받았을 때 얼마나 기뻤는지 모른다. 언젠가 꼭 한번 가보고 싶었던 모네의 정원을 이렇게 직접 찍어 온 사진으로 접하니 더욱 그곳의 정취가 느껴지는 듯하다. 여러 장의 사진 중 유독 한 사진에 마음이 끌렸다. 화면을 꽉 채운 나무와 꽃, 그리고 반짝이는 햇살이 완성될 그림의 밀도를 가늠하게 했다.

사이프러스로 보이는 키가 큰 생나무 울타리가 저 뒤에서 짙은 배경이 되어 정원을 돋보이게 한다. 사진의 왼쪽 아래 귀퉁이에서는 클로즈업된 한련화 이파리가 흡사 꽃꽂이의 소재처럼 정원을 받쳐주고 있다. 대부분 꽃은 언뜻 보기에 갖가지 색의 제라늄으로 보이나 그 사이사이에 여러 종류의 이름을 알 수 없는 꽃이 혼합되어 심겨 있다. 치밀하게 계산하여 심은 것 같지는 않은데 각각의 빛깔과 생김이 너무도 잘 어울린다. 의도치 않았지만 아름다울 때 그것을 우리는 '자연스럽다'라고 하던가.

새로 만든 터에 조경하듯 신중하게 고민하며 스케치한다. 캔버스 위에 나무와 꽃들이 하나둘 자리를 잡아 심긴다. 처음 도전하는 50P 캔버스가 광활하게만 느껴지더니, 식물에 적합한 위치를 찾아 주는 마음으로 구도를 잡아나가자, 공간이 채워지기 시작한다. 그러나 이상하게도 그림이 점점 어색해진다.

언젠가 여러 겹으로 포개진 능선을 그린 적이 있다. 적당히 삐뚤빼뚤 그리면 될 줄 알았던 산의 등줄기는 그릴수록 부자연스러워졌다. 특히 촘촘히 겹쳐 있는 산등성이가 그랬다. 도무지 자연스럽게 표현할 길이 없어 급기야 신문을 찢어 그 선을 따라 그려보기도 했지만, 당최 어줍기만 했다. 수억 년 전 중생대쯤부터 이웃해 왔을 산들은 오랜 세월 동안 서로를 닮아가며 어우러지는 법을 진즉에 터득한 것일까? 아무렇게나 던져놓은 듯한 자연은 있는 자리에서 그 모습 그대로 완전한데 자연스러움을 가장한 내 그림은 의도가 느껴져 전혀 아름답지 않았다.

클림트, 모네, 르누아르, 세잔…. 수많은 화가가 자신이 직접 가꾼 아름다운 정원을 그림으로 남겼다. 누군가는 보이는 모습 그대로, 또 누군가는 추상으로 끊임없이 변화하는 정원을 그려냈다. 클로드 모네는 '정원은 나의 가장 아름다운 명작이다.'라는 멋진 말까지 남겼다지. 감히 넘볼 수도 없는 그들의 그림을 떠올리며 겸손한 마음으로 물감을 짠다.

화려한 꽃밭이다. 사진을 보고 그린다고는 해도 본의 아니게 같은 듯 다른 풍경이 된다. 경험이나 취향이 나도 모르는 사이 반영되는 것인지도 모르겠다. 초여름 오후의 밝은 햇살이 캔버스 오른쪽 중앙에 자리한 흰 제라늄 군락 위로 쏟아져 내린다. 그늘진 곳의 다양한 붉은 꽃들과 대비되어 더욱 환해 보인다. 흰 제라늄의 잎을 표현할 때 섞어 쓴 레몬옐로우가 제대로 효력을 발휘했다. 그리는 동안 수많은 선택을 해야 하지만, 이렇게 해도 되고 저렇게 해도 되는 결정의 순간들이 나를 자유롭게 한다.

 오랫동안 해온 모작을 끝내고 처음으로 내 그림을 그리는 중이다. 내 그림이라는 말에 '감히'라는 수식어를 붙여야 할 듯하다. 그림을 배우기 시작할 때는 멋진 그림을 보고 그대로 따라 그릴 수 있다면, 언젠가 내가 그리고 싶은 것도 척척 그려낼 수 있겠다고 생각했다. 그러나 언젠가부터 다른 사람의 그림을 보고 베끼는 게 진력이 났다. 처음엔 남의 그림을 복제해 벽에 걸어놓고서도 세상을 다 얻은 것처럼 기쁘더니, 점점 다른 사람의 물건을 훔쳐다 놓은 듯 애써 눈길을 피하게 되었다. 무엇을 어떻게 그릴지 선택하는 것부터 내가 직접 하지 않으면 그것은 끝내 남의 것이었다. 세상은 내 것과 남의 것을 냉정하게 구분하고, 그 규칙을 해이하게 어긴 결과는 대체로 가혹하다. 간직할 수도 없고, 선물할 수도, 전시할 수도 없는 그림이 늘어갔다. 결단이 필요했다.

 어느덧 모네의 꽃밭이 완성되어 간다. 며칠 동안 물감이 마르기를 기다리면서 마무리할 예정이다. 짬짬이 핸드폰 갤러리를 뒤지며 다음 소재를 찾는 시간이 즐겁다. 여행지나 집 주변에서 찍은 사진이 대부분이지만, 지인들이 나의 그림 실력 향상을 염원하며 기증해 준 사진도 있다. 이제 사진은 내 귀한 재산 목록에 추가되었다. 단 그림을 그리기 전에 사진의 출처를 반드시 확인해야 뒷말썽이 없다.

작업이 끝나면 첫 사인을 하려 한다. 지금까지는 그림을 완성하고도 이름을 적지 못했다. 사인도 그림의 한 부분이라는 선배의 말을 곱씹어 본다. 자신의 그림에 서명을 남길 때의 마음은 몇 날 며칠 글을 퇴고하고 전송 버튼을 누르는 마음과 비슷할까? AI가 글을 쓰고 음악을 만들고 순식간에 그림까지 그려내는 시대에 우리는 왜 굳이 창작에 매달리며 고뇌를 통해 기쁨을 얻는 것인지…. 바탕색의 보색을 택하여 조심스럽게 이름을 쓴다. 손가락이 파르르 떨린다. 숨을 멈추고 팔목을 캔버스에 밀착하여 흔들림을 막아본다. 비로소 내 이름도 그림이 되었다.

다시 동화의 나라로

1인 7역이라니…. 동화구연 첫 강의에서 목소리 표현을 7명 정도 해야 한다는 말에 움찔했다. 마음을 단단히 먹고 도전했는데 이대로 포기해야 할까 하고 잠시 고민했다. 어릴 때부터 동화에 관심이 많았지만, 막상 용기를 내어 강의를 접하고 보니 미처 생각지도 못한 장벽이 기다리고 있었다. 특히 목소리 표현이 쑥스럽고 어려웠다. 하지만 선생님의 강의는 다시는 빠져나오지 못할 동화구연의 매력 속으로 나를 힘껏 끌어당겼다. 그리하여 나중에는 어린아이부터 노인까지 남녀 모두 포함이니 일곱 명도 다행이라는 생각이 들 정도였다.

자기소개하는 시간이 되자 무슨 말을 어떻게 해야 할지 몰라 긴장되었다. 수업에 참여한 사람 중 젊은 학부모들이 반 이상이었다. 너무 늦어버린 것은 아닌지, 나는 지금껏 무엇을 하다가 이곳에 서 있는 것인지…. 무슨 말을 하고 자리에 돌아왔는지 기억이 나질 않았다. 아마도 어린이들에게 재미있는 동화를 들려주는 '호호 할머니'가 되고 싶다는 이야기를 한 것 같다. 그러나 그 말은 맞기도 하고 틀리

기도 한다.

  정작 내 아이들이 어릴 때는 동화를 읽어 줄 여력이 없었다. 연년생 세 아이를 건사하며 남편의 일을 도왔기에 무엇보다도 체력이 따라주질 않았다. 늘 잠이 부족했고 긴장의 연속으로 인해 신경은 점점 예민해졌다. 동화를 읽어 주기는커녕 엄마가 먼저 지쳐 잠이 드는 날도 많았다. 아이들이 재잘거리던 그 많던 시간은 다 어디로 흘러가 버린 것인지…. 문득 정신을 차려보니 훌쩍 다 커버린 아이들. 심지어 친구들에게서 손주를 봤다는 이야기가 종종 들려오는 나이가 되었다.

  강의가 진행될수록 가슴 속 어딘가가 점점 따뜻해지는 느낌이 들었다. 선생님이 구연해 주시는 가슴 찡한 동화를 접할 때는 눈가가 촉촉해지기도 했다. 뜻밖이었다. 단단하게 굳어 있던 마음이 다시 보드라워지고 있었다. 그렇게 조금씩 조금씩 동화를 향해 천천히 다가갔다. 오랫동안 간직해 온 짝사랑을 끝내고 이제는 정말 내 진심을 고백해 보리라는 다짐으로 나는 점점 뜨거워지고 있었다. 내가 아주 오래전부터 간절히 원했던 것은 동화를 쓰는 일이었다. 주인공과 함께 울고 웃으며 써 내려가던 미완성 이야기들을 언젠가는 꼭 마무리 지어 넓은 세상으로 내보내고 싶었다. 꼭꼭 숨겨 두었던 동화 폴더를 다시 열고 들어가 온통 동화만 생각하던 그 시절의 나로, 다시 동화의 나라로 돌아가고 싶었다.

  그동안 꿈을 잊고 살았다. 어쩌면 그것은 불가항력이었을 것이다.

온 세상을 마음대로 날아다니던 마녀가 어느 날 갑자기 날 수 없게 되었을 때처럼 그렇게 동화는 나를 떠나갔다. 영문을 몰랐다. 그 후로 늘 헛헛한 마음으로 살았으나 무엇을 어찌해야 할지 갈피를 잡지 못한 채 여기까지 흘러왔다. 그러나 동화가 나를 떠난 게 아니라, 내 안에 너무도 많은 것들이 꾸역꾸역 차 있어 동심이 머무를 자리를 빼앗아 버렸던 건지도 모르겠다.

얼마 전 학원을 이전했다. 연일 계속된 이사로 정신이 하나도 없던 어느 날, 나는 딸과 함께 수학 교실의 바닥을 청소하고 있었다. 딸이 잠시 자리를 비웠을 때 손에 들려 있던 기다란 빗자루를 물끄러미 바라보았다. 가슴이 두근거렸다. 마음속에서 "지금이야!" 하는 외침이 들렸다. 교실에 들어서던 딸아이가 깜짝 놀라 나를 바라보았다. 빗자루를 타고 있는 엄마를 처음 보았기 때문이었다. 나는 다시 날아오르고 있었다.

나와의 여행

간단히 짐을 챙긴다. 소지품이라고 해 봐야 휴대전화, 안경, 읽던 책, 보조배터리, 물, 손수건 등이다. 길을 떠날 때는 눈썹도 떼어 놓고 가라고 누군가 말했다지. 헝겊 가방에 주섬주섬 최소한의 물건들을 집어넣으며 의연한 마음이 드는 건 왜일까. 어젯밤 급작스레 나와의 여행을 계획하면서부터 가슴이 설레기 시작했다. 마침, 오늘 아무 일정이 없으니 일단 혼자서 어디로든 떠나보기로 했다. 여느 때처럼 시끌벅적한 아침이 지나가고 가족들이 모두 집을 나서자 곧바로 행동을 개시했다. 민첩하게 집안 점검을 마치고 날쌔게 차 키를 집어 들었다.

얼마 전 때때로 혼자 여행을 떠난다는 지인의 말에 흠칫 놀랐다. 어쩐지 언제 만나도 자신감 넘치고 여유 있어 보이는 모습이 매력 있다고 생각하던 사람이었다. 역시 진정한 멋은 내면으로부터 우러나오는 모양이다. 그녀가 노트북과 책을 잔뜩 싸 들고 가서 1주일쯤 머물다 온다는 먼 바닷가 마을을 상상하며 무척이나 부러웠지만, 나도 모르게 머리를 가로저었다. 자신 없었다. 혼자 식당이나 카페에 들어가 본 적도 없는 내가, 홀로이 숙소를 잡고 단 하룻밤이라도 편히 머물 수 있을까? 편히 머물기는커녕 뜬눈으로 밤을 새우다가 날이 밝기 무섭게 소리를 지르며 뛰쳐나올 것만 같다.

이제껏 나는 늘 다니던 길에서조차 벗어나기를 두려워했다. 학창 시절에는 등·하굣길 외에는 다녀 본 적이 없었고, 가끔 유일한 일탈은 광화문에 있는 대형 서점에서 온종일 선 채로 책을 읽다가 오는 게 다였다. 때로는 옆 동네가 궁금할 법도 하건만 버스정류장을 한 정거장도 더 지나쳐 가본 적이 없다. 방학에는 하도 집에만 있다가 개학 날에야 밖으로 나와서 별명이 백인이었다. 운전을 직접 하고 다니는 지금도 사정은 크게 다르지 않다. 어디를 가더라도 곧장 목적지에 도착해 볼일을 보고, 다시 그대로 갔던 길로 되돌아온다.

호기롭게 집을 나왔으나 막상 어디로 가야 할지 모르겠다. 집 근처 공원 주차장에 일단 차를 세우고 운전석에 앉아 있으니 늘 곁에 있는 소중한 사람들이 떠오른다. 내게는 가족 말고도 짝꿍처럼 붙어 지내는 친한 언니가 있고, 소중한 단짝 친구가 있다. 언제든지 전화만 하면, 귀찮아하지 않고 달려 와 줄 귀한 인연들이다. 습관처럼 핸드폰을 집어 든다. 아니다. 오늘은 나를 만나기 위해 나선 길이니만큼 최대한 연락을 자제하기로 한다.

갑자기 번쩍 기억났다. 단 한 번. 아주 오래전 혼자 여행을 떠난 적이 있다. 스무 살이 되던 해 2월 무렵 인천으로 가는 버스에 무작정 올라탔다. 이유는 모르겠으나 최종 목적지는 연안부두였다. 정보에 어둡던 시절 무슨 용기로 길을 나섰는지는 알 수 없지만, 지금도 또렷이 기억나는 장면은 서울에서 인천으로 가는 길의 풍경이다. 길 양옆으로 끝이 없이 늘어선 경인공업지대의 공장을 바라보며 썩 아름답지 않은 경치라서 실망한 게 아니라, 그동안 교과서에서 배운 내용들이 모두 사실이었다는 것에 적잖이 당황했었다. 연안부두에서 찬 바람을 맞으며 오랫동안 바라보았을 바다가 기억나지 않는다. 그때 종일토록 굶고 낯선 곳을 돌아다니며 무슨 생각을 했을까? 아마도 스무 살의 눈으로 보고, 스무 살의 마음으로 세상을 느꼈겠지. 그래서 그날 이후 나는 조금 달라졌을까?

누군가 다시 그 시절로 돌아가게 해준다고 하면 난 정중히 거절할 것이다. 인생에서 아무것도 결정되지 않았던 그 시간이 어쩌면 많이 힘겨웠던 모양이다. 그나저나 갑자기 너무 피곤하다. 저녁 찬거리를 사서 얼른 집으로 가야겠다. 오랜만에 맛깔스러운 반찬을 만들어 놓고 가족들을 맞이해야지. 작전 변경이다. 오늘 나와의 여행 목적지는 하나로 마트다.

열 번 아니 백 번

봄을 마중하러 간다. 내가 사는 음성은 워낙 봄이 더디 오다 보니, 이럴 땐 봄을 일찍 만나러 삼삼오오 길을 떠난다. 올해는 광양 매화 꽃밭이다. 몇 해 전 코로나19 시국임에도 벚꽃을 보러 김천 연화지에 다녀온 후 터득한 방법인데 봄이 먼저 도착하는 길목으로 버선발로 맞으러 가는 것이다. 종일 꽃에 취해 거닐다 돌아오니 이곳은 아직도 겨울의 끝자락이었다. 마지막 꽃샘추위로 인해 더욱 스산하게 느껴졌으리라. 얼마 후 드디어 음성에도 봄이 당도하여 여기저기에서 꽃망울들이 터지기 시작했고, 그해의 봄은 두 배, 세 배로 길게 느껴졌다.

오늘을 손꼽으며 기다렸다. 문인들과 함께 처음으로 떠난 길이라 더욱 좋았다. 오랫동안 낯을 가리다가 이제야 편안해진 분들이다. 미리 간식이며 물이며 필요한 것을 준비한 분들이 있어서 더욱 감사했고, 비슷한 연배의 문인과 잔잔한 대화를 나누며 창밖을 바라보는 시간이 참 좋았다. 아랫녘으로 내려갈수록 봄은 수줍게 모습을 드러내기 시작했다. 아직 무채색인 산과 들을 배경으로 그 자리에만 고운 색을 칠해 놓은 것처럼 눈에 띄기 시작하는 산수유와 매화가 너무도 반갑다.

지금껏 매화를 제대로 본 적이 없다. 아파트 화단에서 매년 피는 꽃은 어느 해인가 위층 할머니가 매실을 따는 것을 보고서야 매화라는 것을 알았다. 사실 벚꽃, 살구꽃, 자두꽃 구분은 늘 어렵다. 그저 설중매라는 단어를 떠올리며 제일 먼저 피는 게 매화려니 했다. 그러나 푸른색 목도리처럼 펼쳐진 섬진강 변에 조성된 매화밭은 상상을 초월한 장관이었다. 매화가 이렇게도 화려한 꽃이라는 걸 처음 알았고, 끝도 없는 광활한 규모에 입이 벌어졌다.

절정이었다. 청매화, 홍매화, 축축 늘어진 능수매화, 매화와 너무도 잘 어울리는 노란 빛의 산수유까지 어느 것 하나도 아름답지 않은 게 없었다. 잘 조성된 오솔길의 모퉁이를 돌아설 때마다 펼쳐지는 새로운 풍경에 우리는 모두 환성을 질렀다. 커다란 돌에 새겨놓은 시를 만날 때는 잠시 멈춰서서 감상에 젖기도 했다. 갑자기 봄의 한가운데로 순간 이동한 것처럼, 겉옷을 벗어들고서도 꽃그늘을 찾아 들 만큼 따뜻하다. 지나치는 사람들의 얼굴에 행복한 미소가 가득하다. 환경이 사람의 마음을 지배하는 것일까. 사람들 모두 밝은 표정으로 서로 사진을 찍어주고, 지나치는 사람들과도 환하게 인사를 나눈다. 사랑스럽고 상큼한 커플들이 여기저기 보이고, 연세가 많으신 부모님을 모시고 온 사람도 있다. 비탈이 많아 노인을 모시고 다니기가 힘이

들 텐데 연신 웃으며 부모님의 행복한 모습을 사진으로 남긴다. 어르신은 소풍 나온 아이처럼 좋아하신다. 꽃보다 더 아름다운 장면이다.

집에 돌아와서도 은은한 꽃향기가 아직도 나를 감싼다. 화려한 매화밭의 전경이 눈앞에 아른거린다. 매년 돌아오는 봄이지만 한 해 한 해 느낌이 조금씩 다르다. '내가 앞으로 몇 번이나 이 꽃을 다시 볼 수 있을까…' 하는 어른들의 말씀이 이제는 무슨 마음인지 알 것 같다. 이미 한번 살아본 인생처럼 그 쓸쓸함이 어렴풋이나마 느껴진다. 언젠가는 나도 안타까운 눈길로 만개한 꽃을 바라보는 나이가 되겠지. 스러져가는 꽃을 보며 애잔하여 가슴 저린 순간이 오겠지. 내년에는 나도 어른들을 모시고 꼭 한번 다시 가야겠다. 매화 향기 가득한 꽃밭에서 아직 정정하시다고, 열 번 아니 백 번은 더 보실 수 있다고 자신 있게 말씀드려야겠다.

나만의 사과

밭으로 가는 언덕길에 오르면 멀리 속리산 산등성이가 보인다. 옅은 안개가 낀 새벽의 온통 파르스름한 빛깔의 풍경 속에 하나도 같은 파랑은 없다. 내가 발을 딛고 있는 자리에서 바라보는 산 중 가장 뒤에 서 있는 산이 그 순간 제일 높은 산이다. 정상의 의미는 때때로 무의미하다. 무수히 겹쳐 보이는 산들은 제각각 미세하게 다른 색으로 층을 이루며 풍경화를 그려낸다. 산의 색이 다르게 보이는 것은 산과 나 사이의 공기 때문이다. 한지를 손으로 대충 찢어 붙여 놓은 듯, 큰 붓으로 무심하게 그려놓은 듯한 능선의 대범함에 가슴이 서늘해진다. 대자연의 완전한 미학에 느닷없이 주눅이 든다.

사람들은 흔히 대가들의 그림에는 향기가 있다고 말한다. 나는 그 말의 뜻을 잘 알지 못해 명작은 자연스럽다고 이해한다. 아직은 흉내 내기에 급급해서 아무리 그대로 따라 그리려고 애를 써도 그들의 자연스러움을 따라 그리는 것은 불가능하다. 잘 그린 그림은 거스러미가 없다. 수천, 수만 번의 붓질 중 그 어느 획도 불필요하지 않다.

의도했으나 의도치 않은 것으로 보이는 것. 어쩌면 우리가 경지라고 부르는 것이 그것인지도 모르겠다.

  모작의 과정은 평정한 마음을 갖게 한다. 자신의 실력을 객관화하는 작업을 통해 스스로 한계를 깨닫게 된다. 한계를 알아가는 작업이 반복될수록 모순적이지만 자신감이 차오르는 것을 느낄 때가 있다. 전에는 손도 못 대던 그림을 어느 날 비교적 수월하게 그려내기도 하고, 통 엄두가 안 나던 작품이 만만하게 보일 때도 있다. 아기들이 어른들의 말을 무수히 듣고 따라 하면서 단어를 익히고 말을 배우듯이, 나도 언젠가는 나만의 해석과 방식으로 표현한 그림으로 세상과 이야기를 나눌 수 있지 않을는지.

  요즘 시간이 날 때마다 사과를 그린다. 그림방 이곳저곳에 사과가 쌓여간다. 서양화가로 전향한 어떤 가수는 그림을 전공한 화가들에게 사과는 그릴 줄 아냐고 공격을 받았던 모양이다. 솔직하고 엉뚱한 그녀가 자신만의 스타일로 사과를 그려내고 퍼포먼스를 해냈을 때 그 논란은 슬며시 잦아들었다지만 뒤늦게 그 소식을 접한 나는 그녀를 응원하게 되었다. 어떤 분야의 전문가를 표현할 때 학문적으로 많이 배운 이들도 해당이 되지만, 그 분야를 꾸준히 해내는 이들도 포함된다는 그녀의 당당한 말이 나만의 사과를 궁금하게 만들었다. 그 말 안에는 부단히 노력해야 한다는 의미와 그리고 난 후에야 비로소 지금과는 다른 새로운 세상을 만날 수 있다는 뜻이 깔려 있다.

  내 안에 있는 사과는 어떤 모습으로 세상에 태어날지 설레는 마음으로 물감을 짠다. 내 마음에 꼭 드는 그림이 액자에 담겨 벽에 걸리는 날 나의 내면은 지금보다 조금 더 채워져 있을까?

책 읽어 주는 여자

"목소리가 참 좋으시네요."라는 말을 처음 들었을 때 "에이, 그럴 리가요…" 하며 웃었다. 그날은 누군가 낭독을 펑크내어 급히 대신할 사람을 찾던 중에 마침 내가 그곳에 있어 엉겁결에 무대에 올라 글을 읽게 된 날이었다. 내게 행운이라도 닥친 것인가. 갑자기 목소리가 좋다는 말을 듣게 되니 쉬이 믿기지 않았다. 그러나 내 생각과는 상관없이 그 일이 계기가 되어 이곳저곳에서 낭독할 기회가 많아졌다. 지역 행사나 문학 모임에서 글을 읽거나 시 낭송할 때마다 긴장되고 자신 없어 피하다가도 목소리가 좋다는 이야기에 중독되어 사양하지 못하고 있다. 솔직히 별안간 쏟아진 칭찬에 우쭐했다.

사실 그날의 낭독에는 아무도 모르는 비밀이 있다. 평소 나는 혼자 있는 시간이면 소리 내어 책을 읽곤 한다. 그리고 그것을 녹음하여 운전 중에 다시 듣는다. 그날 읽은 글도 평상시에 여러 번 읽었던 글이다. 자주 읽어 거의 외우다시피 한 글이었으니 처음 무대에 오른 사람이 읽은 것 치고는 자연스럽게 들렸을지도 모르겠다. 더군다나

의도치 않게 벌어진 난처한 상황에서 급조하여 무대에 세운 사람이 그냥저냥 읽고 내려오니 어쩌면 과대평가가 되었을 수도 있겠다.

내가 틈이 날 때마다 책을 소리 내어 읽은 이유는 언젠가는 목소리로 봉사하고 싶다는 막연한 생각에서였다. 20대 초반쯤이었던가. 친구가 MBC라디오 성우 시험에 원서를 내준 적이 있다. 하지만 나는 끝내 포기하고 시험장에 가지 않았다. 정동 MBC 시험장에서 오랫동안 기다리던 친구는 나중에 그날 시험장의 풍경을 자세히 설명해 주며 겁이 많은 나를 원망했었다. 그때 용기를 내지 못한 것이 두고두고 미련으로 남았던 것일까. 비록 성우는 되지 못했지만, 이왕이면 좀 더 정확히 읽어 글의 의미를 잘 전달하고 싶은 마음이 늘 있었다. 그러던 중에 운이 좋게 낭독 특강을 듣게 되었다. 전직 아나운서의 생생한 경험담을 직접 듣고 낭독의 의미와 호흡, 발성, 발음 규칙과 포즈(pause) 활용, 장단음과 종결어미 처리 등에 대해 배울 기회를 얻었다. 혼자 애쓰며 답답해하던 부분들이 시원하게 풀리며 자신감이 생겼다.

성호네 왕족발, 삐삐 머리, 어린이 보호구역, 우회하시오… 등 지금도 차를 타고 이동할 때면 각종 간판이나 이정표, 길가의 안내문 등을 처음 한글을 깨친 사람처럼 큰소리로 읽는다. 그중 플래카드는 짧은 문장으로 되어 있는 경우가 많아 읽기 연습에 적당하다. 또 각종 기념식을 생방송으로 챙겨보며 극도의 긴장감을 극복해 내는 진행자와 낭독자의 정갈한 문장들을 똑같이 따라 해본다. 전문가들이 얼마나 기본에 충실하여 읽어 내려가는지, 장단음이 듣는 사람의 귀에 어떤 차이로 들리는지 확인하고 연습한다. 무대에 올라 많은 사람 앞에서 무사히 낭독을 마치고 내려올 때의 희열도 좋지만, 낭독하면서 제일 좋은 것은 소리 내어 읽는 그 시간 자체이다. 자신과 대화하는 느낌이랄까. 특히 나와 오롯이 함께 있는 조용한 시간에 평소 즐겨 보던 책을 소리 내 읽고 있노라면 내가 나에게 위로받는 느낌이 든다.

유튜브를 통해 처음 소리 봉사를 하게 되었을 때 업로드가 되어도 선뜻 들어 보기가 두려웠다. 수없이 연습하고 떨리는 마음을 달래가며 녹음했지만, 예민한 마이크는 내가 실수한 것을 조금도 감춰주지 않고 곧이곧대로 세상에 일러바쳤다. 내 목소리가 다른 사람처럼 낯설게 들린다. 감정 없이 읽어 내려가는 것 같아도 목소리에 욕심이 실려 있다. 잘하려는 의욕이 앞서 내가 이 일을 왜 하는지에 대한 진정한 고민을 잠시 잊었던 것 같다.

AI 목소리가 넘쳐나는 세상이다. 전화를 걸어도 사람 대신 기계와 통화해야 하는 일들이 일상이 되었다. 그들은 상대방의 입장은 아랑곳하지 않고 입력된 지침대로 자기 할 말만 반복한다. 쉬지 않고 읽어도 지쳐 쓰러지지 않고, 아무리 슬픈 글을 읽어도 목이 메지 않는다. 인간이 AI와 다른 점은 무엇일까? 사람과 사람 사이에 온기를 전하는 낭독을 하고 싶다.

예정된 만남

늦은 저녁. 누군가 현관문을 두드린다. 거듭 물어도 대답이 없다. 놀라 현관문 렌즈로 내다보니 옆 동에 사시는 이웃집 할머니다. 아마도 보청기를 빼놓고 오신 모양이었다. 김이 펄펄 나는 뜨거운 옥수수를 받아 들고 어쩔 줄 몰라 하는 나를 향해 할머님은 어서 문을 닫으라고 손짓하며 가버리신다. 내가 어르신을 만난 것은 이곳으로 이사 오면서부터다. 같은 성당을 다니다 보니 한 달에 한 번쯤은 반 모임에서 만나기도 했다. 뵐 때마다 조용한 미소로 반겨주시는 그분을 몇 년 동안이나 눈인사만 하고 지냈다. 그때는 새로 시작한 사업과 연년생 세 아이를 건사하느라 늘 동동거릴 때였다.

어느 날 당신이 쓰신 '천년 숲'이라는 책을 주셨을 때도 별다른 느낌이 없었다. 너도나도 쉽게 찍어내는 자서전 같은 것이겠거니 생각했다. 그러나 한편 두 편 읽어보다가 밤새워 두툼한 책 한 권을 다 읽어 버렸다. 그분의 글은 절대 쉽게 쓴 글이 아니었다. 가슴 깊은 곳을 어루만지는 감동이 있었다. 이웃에 이런 분이 계신다는 사실이 믿어지지 않았다.

 그즈음 나는 그 무엇으로도 채워지지 않는 헛헛함에 늘 두리번거렸다. 누군가 내 이름을 부르고 있는데 끝내 대답하지 못하고 꿈에서 깨었을 때처럼 망연하게 앉아 있기도 했다. 아무것도 아닌 것으로 사는 것은 괜찮은데 꿈이 없다는 공허함은 메울 수 없었다. 건널목에 서 있을 때나 장을 볼 때, 모임에서 돌아와 손을 씻을 때, 빨래를 널 때, 심지어 노래방의 엄청난 소음 속에서도 내 안에서 들려오는 작은 속삭임들이 있었지만 나는 그 소리를 알아듣지 못했다. 마음 한구석에서 모래 섞인 바람이 불었다. 그럴 때마다 동화를 썼다. 현실의 상황이 벅찰 때마다 동화 속 주인공들과 함께 다른 세상을 쏘다녔다.

 우연히 그분이 수필 수업을 하고 계신 것을 알게 되었다. 여름 방학 기간에 수강 신청을 해 놓고 보름 남짓 지나 개강하는 날. 여느 날처럼 아침을 준비하고 있었는데 느닷없이 가슴이 두근거렸다. 무슨 영문인지를 몰라 방망이질하는 가슴에 손을 얹고 잠시 어리둥절했다. 그러고 보니 마지막 설렘이 언제였는지 까마득했다. 그제야 내가 오늘을 얼마나 손꼽아 기다렸는지 알아차릴 수 있었다. 수업 시간 내내 두 귀를 곤추세웠다. 수업이 진행될수록 조금 전 덩치 큰 남자가 선생님 앞에서 아이처럼 울먹인 이유를 알 것 같았다. 반숙자 선생님. 나는 이제 이웃집 할머님을 선생님이라고 부른다. 선생님께 수업 받은 날부터 감히 글을 쓰며 살기로 마음먹었다. 이렇게 부족한 사람도 글을 쓸 수 있다고 하시니 그렇게 살기로 했다.

첫 수업을 마치고 집에 돌아오자마자 멀리 떠날 사람처럼 집을 정리하기 시작했다. 흐트러진 집이 마치 내 모습처럼 느껴져 이대로 선생님의 수업을 들으면 왠지 부끄러울 것 같았다. 다행히도 집은 손길이 닿는 곳마다 주름이 펴지듯 넓어졌다. 하지만 그리 만만히 끝날 일이 아니었다. 이것저것 쌓아두기만 했던 베란다가 문제였다. 갑자기 손님이 오거나 거치적거리는 물건이 있으면 무조건 뒤로 숨겼었다. 치워야지, 치워야지 하면서도 엄두가 나지 않았다. 그리곤 못 본 체했다. 늘 보니 보이지 않았다.

전리품의 양은 어마어마했다. 그중에서도 뒤 베란다의 바닥을 반이나 차지하고 있는 까만 효소 병들은, 나를 혼란에 빠뜨려버렸다. 붉거나 푸르거나 희었을 열매와 뿌리들은 무엇이 그리도 절절하여 일제히 검어졌을까. 분명 내 손으로 담가 놓은 것들인데도 낯설기만 했다. 내 안의 모든 생각과 추억을 우려내면 어떤 빛깔이 될까? 훗날 나는 어떤 향기로 세상 사람들에게 기억될까? 급기야 모두 잠든 깊은 밤에 아예 자리를 잡고 앉아 시커먼 액체에 일일이 물어보기 시작했다. 하지만 검은 병들은 쉽게 입을 열지 않았다.

집 정리를 마치고 주방에 작은 책상을 놓았다. 국을 끓이고 반찬을 만들면서도 내 눈은 컴퓨터를 향해 있었다. 이제 내가 나에게 무슨 말을 걸어오고 있었는지 귀를 기울여 볼 작정이다. 아울러 세상의 볼륨도 좀 더 키워보려고 한다. 받치지 않은 소음에 마음을 부대끼며 살게 되더라도 먼 훗날 그윽해진 자신과 기쁘게 마주하고 싶다는 올

찬 꿈을 품어본다. 남편과 아이들에게도 선생님께 받은 수업의 감동을 전해주었다. 막내는 작가 할머니의 사진을 인터넷에서 찾아보고는 성당에서 뵌 적이 있다며 아는 체를 한다. '외롭게 한 죄'라는 수필도 한 편 읽어보는 눈치다. 늦은 밤까지 책 읽고 메모하는 엄마의 모습이 좋은지 아이들도 책상 옆 식탁에 하나둘 모여 앉는다. 노트북을 먼저 차지하기 위해 달려오는 엄마가 우습지도 않은 모양이다.

  선생님은 수필을 통해 진정한 삶의 의미와 온기를 가르쳐 주신다. 어쩌다 이 세상에 던져져 사는 것이 아니라 자신의 힘으로 다시 태어나 뜨겁게 살아낼 수 있다는 용기를 주신다. 그리고 자신에게 멈출 수 없는 이유를 물어보게 하신다. 굳이 말씀하지 않으셔도 삶으로, 글로, 미소로 보여주신다. 이렇게 아름다운 분이 이웃에 계셔서 참 행복하다. 선생님과의 인연은 어쩌면 아주 오래전부터 예정되어 있었던 것은 아니었을까.

나무가 있던 자리

소쇄원 제월당의 마루 끝에 아이들과 하염없이 앉아 있다. 무더운 날이다. 바람 한 점 없이 습한 날 빽빽한 대나무 숲에 둘러싸여 있으려니 불쾌지수가 급격히 치솟는 느낌이다. 무리를 지어 올라온 사람들도 숨이 턱턱 막히는 더위에 놀랐는지 대충 둘러보는 시늉을 하다가는 급히 발길을 돌린다. 하지만 남편은 멋진 가족사진을 추억으로 남기고야 말겠다는 일념으로 우리를 피사체로 잡아놓은 채 카메라와 씨름하고 있다. 다 그만두라고 말하고 싶지만 애써 눌러 참는다. 스마트폰이 가족 수대로 있는데도 굳이 서툰 수동식 카메라로 사진을 찍겠다고 고집을 부리는 남편을 이해할 수가 없다. '남는 건 사진밖에 없다'라는 말은 사실일까? 오히려 더 많은 것을 기억할 기회를 몇 장의 사진이 앗아가 버리는 것은 아닌지 모르겠다.

올 휴가에는 남편이 공군으로 복무하던 시절에 광주에서 셋방살이하던 집을 들러보고, 둘이 갔던 목포의 유달산에 아이들과 함께 올라가 노을을 바라보기로 계획을 세웠다. 소쇄원을 나와 광주로 향하면서 셋집을 잘 찾을 수 있을지를 걱정하자 "설마하니 우리가 3년 넘게 살았던 집도 못 찾겠느냐?"라며 남편이 큰소리를 친다. 하기는 나도 지금까지 그곳을 잊은 적이 없다. 쉬이 잠이 오지 않아 뒤척이는 밤이면 예전에 깃들었던 동네의 골목길을 기억 속에서 휘적휘적 걸어 다니곤 했었다.

  타향에서 시작한 신혼생활은 낯설고 적막했다. 겨울이면 이집 저집 담장 너머로 보이던 새빨간 동백꽃과 한낮이 되면 순식간에 녹아 자취를 감추던 폭설. 걸쭉한 사투리. 가는 곳마다 나를 괴롭히던 삭힌 홍어 냄새. 그리고 지독한 입덧을 단번에 잠재워준 주인집 아주머니의 맛깔스러운 남도 김치와 정겨운 이웃들. 나는 그곳에 있던 모든 것을 가슴속에 새겨두었다. 언젠가는 꼭 한번 다시 찾아가 인사를 하리라 마음을 먹고 꾸준히 기억을 간직해왔다.

  설마 하던 일이 벌어지고야 말았다. 우리는 살던 집을 찾지 못하고 같은 곳을 몇 바퀴째 빙빙 돌고 있다. 방향조차 감을 잡을 수가 없다. 나는 이곳에서 둘째 아이까지 낳았다. 그러고 보니 동네 입구에 있던 병원이 없어졌다. 비디오 대여점도 없고 지금도 여전히 잘 쓰고 있는 커튼을 맞추었던 집도 보이지 않는다. 식료품 가게와 노래방도 다 사라졌다. 대학교 근처에 있는 마을은 신축된 하숙집과 원룸으로 풍경이 완전히 달라져 버렸다. 다시 기억을 더듬어 보았다. 아장아장 걷기 시작한 큰아이와 산책 다니던 초등학교를 찾아보기로 했다. 다행히 학교는 그리 멀지 않은 곳에서 쉽게 찾을 수 있었다. 정문 앞에 있던 분식집은 문구점으로 바뀌었다. 상가 모퉁이를 돌아가 보니 작은 놀이터가 있던 자리에 처음 보는 건물이 있다. 우리는 또 길을 잃었다. 다음 일정을 위해서라도 이제는 정말 포기를 해야 하는 순간이다.

그때 맞은편 골목에서 서너 명의 아이들이 뛰어나왔다. 나도 모르게 그쪽으로 발길이 움직여졌다. 건물 사이로 몇 그루의 나무가 언뜻 보였다. 메타세쿼이아다. 산책길에 늘 아름답다고 생각했던 나무가 아직도 그 자리에 줄지어 서 있었다. 메타세쿼이아 그늘을 벗어나면 무화과나무가 있는 집이 나온다. 이런, 무화과나무가 없어졌다. 하지만 저 앞쪽에 있는 라일락이 왠지 눈에 익는다. 몇 걸음 더 가다가 방향을 꺾으면 짧은 내리막길이 나오고 잘생긴 목백일홍이 나타날 것이다. 오! 과연 그곳에 진분홍색 꽃을 환하게 피운 배롱나무가 지금껏 나를 기다렸다는 듯이 두 팔을 활짝 벌리고 있었다. 가슴이 뛰었다. 이제 곧 우리가 살던 집 마당의 감나무가 보이기 시작할 것이다. 주인집 아주머니는 많이 늙으셨을까. 살피꽃밭의 분꽃과 과꽃도 그대로일까. 나는 얼른 오던 길로 되돌아가 엉뚱한 곳에서 기웃거리고 있는 남편과 아이들을 큰 소리로 불렀다.

어릴 때부터 나무나 꽃으로 장소를 기억하는 버릇이 있었다. 비과학적이라는 소리를 수도 없이 들었다. 하지만 때로는 내 원시적인 기억 방법이 더 정확하여 주소를 들고 찾아가는 사람보다 오히려 쉽게 목적지에 도착하기도 한다. 봄이면 보라색 으아리가 탐스럽게 피는 집이라든지, 인동초 울타리나 화살나무가 붉게 물들어 있던 자리, 보리수, 목련, 감나무 등으로 가는 길과 위치를 기억하는데, 가슴속에 아로새겨진 나무와 꽃들이 훗날 아름다운 이정표가 되어준다.

철새나 물고기의 회귀성을 이야기할 때 어떻게 매번 같은 장소에 돌아올 수 있을까 하고 궁금해한다. 그러나 그들로서는 똑같이 생긴 아파트에서 자기 집으로 정확히 찾아 들어가는 사람들 역시 신기할 것만 같다. 어떤 것을 기억하고자 할 때 가장 중요한 것은, 그것을 잊지 않으려는 간절함이다. 동물들은 우리 인간들보다 훨씬 더 절실하게 자기가 돌아가야 할 곳을 기억해야만 했을 것이고 그렇다 보니 시냇물 한 줄기, 돌멩이 하나도 허투루 보아 넘길 수가 없었을 것이다. 컴퓨터나 휴대전화가 없던 시절에 우리는 지금보다 더 많은 이름과 전화번호를 외울 수 있었다. 카메라가 생기기 전 우리에게는 소소한 장면조차 아주 오랫동안 가슴속에 간직할 수 있는 놀라운 능력이 있었다.

사람은 곁에 둔 나무를 닮아가나 보다. 나무나 꽃이 있던 자리를 기억하면 그곳에 있는 사람이 생각난다. 내가 아는 이 중에는 금빛 이파리를 모두 떨어낸 후 당당하게 겨울과 마주한 자작나무 같은 사람이 있고, 그윽한 향기로 주변 사람들에게 사랑을 깨우쳐 주는 사과나무 같은 사람도 있다.

우리가 셋집을 찾아갔을 때 겨우 몇 채의 집만이 제자리에 남아 신축된 건물들 사이에 끼어있었다. 조금 더 늦었더라면 주인집 아주머니를 뵙지도 못하고 아쉬운 발길을 돌려야 했을 것이다. 그리운 사람은 미루지 말고 만나야 한다. 사람들이 곳곳에 켜놓은 나무 등대의 불빛이 희미해지기 전에, 꽃 초롱의 불씨가 꺼지기 전에…. 나는 지금 노랗게 잔물지는 이팝나무 가로수 길을 지나, 다리를 건너, 좀작살나무 열매가 아름답게 익어가는 집에 사는 친구를 만나러 간다.

디카시

'디카시' 강좌를 듣고 있다. 디지털카메라나 핸드폰으로 직접 찍은 사진을 보고 5행 이내로 지은 시를 디카시라고 한다. 처음 들어 보는 외계어 같은 용어에 순전히 호기심으로 등록했다. 선생님께서는 거시적 보다는 미시적인 안목으로 시의 소재를 찾아내야 하고, 찰나의 현상에서 삶이나 내면을 바라보아야 한다고 말씀해 주셨다. 사진 50%, 시 50%의 비율로 사진을 보면서 글을 봐야 한다고도 하셨다. 심지어 대한민국이 디카시의 발상지라고 하니 참으로 대단한 민족이라는 생각이 들었다.

시를 지으려면 우선 사진이 있어야 한다. 수많은 대상 중 뭔가 가슴을 울리는 소재를 찾아 찍는 것부터가 시의 시작이라고 하셨다. 처음에는 엄두가 나지 않더니 하나, 둘 사물이 눈에 들어오기 시작했다. 그러나 자꾸 이것저것 허둥지둥 찍어 대기만 할 뿐 막상 찍은 사진을 들여다보아도 시상을 끌어내기가 쉽지 않았다. 별생각 없이 마당을 내다보는데 능소화가 눈에 띄었다. 저거다! 하고 느낌이 왔다.

선생님이 말씀하신 가슴이 울리는 소재라는 게 이런 것일까? 빛의 속도로 핸드폰을 들고 마당으로 달려 나갔다.

능소화는 딱 한 송이가 피어 있었다. 얼마 전 한바탕 붉은 꽃을 폭죽처럼 잔뜩 피워대더니 뚝뚝 제 발치에 모두 떨어뜨려 버리고, 다시 또 새로운 꽃을 피우기 시작하고 있었다. 어느 해 홀연히 죽어버린 산벚나무 둥치를 타고 오른 능소화였다. 그해 봄에 벚꽃이 얼마나 탐스럽게 피었는지 꽃이 질 때도 정말 아름다웠다. 산들바람이 불던 날 눈처럼 하얗게 쏟아지는 꽃잎을 맞으며 동영상을 찍기도 했었다. 하지만 꽃이 지자마자 잎이 하나, 둘 맥없이 떨어지면서 시름시름 앓더니 머지않아 겨울나무처럼 마른 가지만 남게 되었다. 온 세상이 녹음으로 푸르를 때도 벚나무만 혼자 엄동설한이었다. 살려 보려고 별별 이유를 다 생각해 보았지만, 도대체 원인을 찾을 수 없었다. 다시 살아나기를 기대하며 두 해를 더 기다리다가, 잔가지마저 모두 말라버리고 밑동만 기둥처럼 우뚝 남게 되었을 때 벚나무 곁에 능소화를 심었다.

능소화는 앞으로 축 늘어진 가지 끝에 꽃이 피어 흡사 나에게 꽃다발을 불쑥 내미는 모습 같았다. 사진을 찍고 보니 무성한 능소화 이파리에 반쯤 가려진 검은 벚나무 둥치가 보였다. 얼핏 보면 둘이 한 나무처럼 여겨졌다. 긴 둥치는 습기를 머금어 축축하고 이미 썩고 있는지 푸석푸석했다. 제 꽃 대신 낯선 넝쿨을 몸에 칭칭 감고 묵묵히 무게를 지탱하는 모습이 왠지 경건해 보인다.

능소화의 입장이 되어 생각해 보았다. 그때 '선뜻 둥치를 내어준 벚나무에 고마움과 미안함을 바친다.'라는 문장이 머릿속을 스쳐 지나갔다. 이 한 문장으로 시를 끌어낼 수 있을까. 능소화는 벚나무에 무엇이 고맙고 무엇이 미안한 것일까. 그때 '장기기증'이라는 단어가 떠올랐다. 나눔, 희생, 연대… 무수히 많은 단어가 머릿속을 스쳐 지나갔다.

다시 디카시 수업 시간이 되었다. 한 사람씩 앞으로 나가 발표해야 한다. 자신이 찍은 사진을 칠판에 붙여 놓고 그 사진을 통해 떠올랐던 시나 문장을 사진 밑에 적은 후 이유를 설명한다. 선생님께서는 내 장황한 설명 안에 시를 통해서 하고 싶은 이야기가 다 들어있다고 하였다. 깊은 고민과 사색의 시간이 찾아왔다. 이렇게 감미로운 고뇌가 있을까. 적합한 문장과 단어를 찾아 헤매는 이 시간이 너무도 행복하다. 그렇게 나의 첫 디카시가 완성되었다.

헌화(獻花)

너의 죽음이 나를 살렸어
내가 무성해질수록
너는 점점 스러져
미안해
너에게 이 꽃을 줄게

따뜻한 겨울

소한에 조용히 겨울비가 내린다. 대한이 소한 집에 놀러 갔다가 얼어 죽었다는 말은 이제 옛말이 되었나 보다. 연일 포근한 날씨로 인해 아직 두꺼운 얼음이 얼지 않아 얼음 축제를 준비하는 지역에서는 안전을 위해 행사를 미루는 등 어려움이 많다고 한다. 요즘 '추위 실종'이라는 말을 많이 듣는다. 추위가 실종된 것인지 아니면 잠시 몸을 숨기고 맹위를 떨칠 기회를 엿보고 있는 것인지는 알 수 없지만 따뜻한 겨울이 솔직히 싫지만은 않다.

어릴 때는 지금과 비교할 수 없을 만큼 추웠다. 버스도 춥고, 학교도 춥고, 기차역도 추웠다. 집도 예외는 아니었다. 우리는 추운 거실을 피해 안방에서 밥을 먹고는 했는데 저녁상을 치우고 이부자리를 펴면 동생과 나는 으레 창문 앞으로 다가가 유리창에 얼음꽃이 피어나는 기적 같은 광경을 지켜보곤 했었다. 안팎 기온 차로 방 창문 유리에 성에가 필 정도였으니 요즘 아이들은 상상도 못 할 추위였으리라. 어느 화가도 그처럼 아름다운 그림을 그릴 수는 없을 것만 같았다. 마치 식물이 빠른 속도로 자라듯이 유리창을 도화지 삼아 퍼져나가는 아름다운 문양들은 미지의 세상 같기도 하고 꽃밭이나 숲 같기도 했다. 단 하나도 같은 모양이 없었다. 온종일 오늘은 무슨 그림을 그릴까 하고 생각해 놓았던 것처럼 한순간에 망설임 없이 그려 나가는 솜씨는 놀라움 그 자체였다.

겨울 방학에 추운 날이 며칠 계속되면 오빠와 나는 세숫대야에 물을 담아 현관 밖에 내놓고 잤다. 어느 날 아침 대야의 물이 꽝꽝 얼어 있으면 아침밥을 먹는 둥 마는 둥 스케이트장으로 달려갔다. 우리는 스케이트장 개장일을 다른 아이들보다 더 빨리 정확히 알아냈고 겨울이 다 가도록 스케이트장에서 살다시피 했다. 가끔 일기예보가 틀려 생각지도 않은 폭설이 내리면 그렇게 좋을 수가 없었다. 눈이 오면 걱정부터 시작하는 어른들이 이해되지 않았다. 온종일 눈밭에서 뒹굴며 눈사람을 만들고 눈싸움했다. 엄마는 우리가 금방 또 나가서 뛰어놀 것을 알면서도 중간중간 우리를 불러들여 옷을 갈아입히고 양말을 갈아 신겼다. 참 이상하다. 그렇게 추웠던 날들의 기억들이 모두 따뜻하다.

지난가을을 힘겹게 보냈다. 늦은 여름에 막내가 다쳤다고 군부대에서 연락받은 순간부터 입원과 수술과 재활 등의 모든 과정을 어떻게 버텨냈는지 모르겠다. 마치 우리 가족에게만 시간이 멈춰버린 듯했다. 그중 나를 가장 힘들게 했던 것은, 문득문득 불안해하는 아들을 안심시키는 일이었다. 인터넷의 넘쳐나는 온갖 정보들은 오히려 우리를 불신과 혼란에 빠뜨렸다. 아들은 사람의 힘으로 어쩌지 못하는 것이 있다는 것을 아직 받아들이지 못하는 나이이기에 틈나는 대로 많은 이야기를 나누었다. 감사하게도 아들은 얼마 전 완치판정을 받았다.

그때부터였던가. 우리 집에 김치가 도착하기 시작한 것이. 지인들은 내가 올해는 김장을 엄두도 못 내고 지나치리라는 것을 알고 내 몫의 김장을 조금씩 더 한 모양이었다. 여기저기에서 그냥 잠깐만 집 앞으로 나와보라는 전화가 온다. 사랑은 종종 생각지도 못한 이름으로 바뀌어 마음을 어루만진다. 김치를 먹을 때마다 가슴이 먹먹하다. 따뜻한 겨울이다.

수놓은 듯이

 온 천지가 꽃밭이더니 어느새 신록이 한창이다. 꽃과 잎들은 대체 어디에 몸을 숨기고 있다가 저토록 아름답게 피어나는 것일까? 매년 맞이하는 봄이건만 온 세상을 송두리째 탈바꿈시키는 자연의 위대한 힘이 신비롭기만 하다.

 지는 봄을 아쉬워하며 나는 지금 무릎 위에서 다시 꽃을 피우고 있다. 방금 조팝꽃 하나가 내 손에 의해 어렵사리 피어났다. 네다섯 개의 꽃잎들이 모여 작은 꽃 한 송이가 되고, 그 작은 꽃들이 또 모이고 모여 한참 만에야 겨우 나뭇가지에 탐스럽게 달린 꽃송아리가 된다. 다양한 모양의 이파리도 제가 있어야 할 곳을 찾아 자리를 잡는다. 아직은 서툰 솜씨로 수놓은 야생화 자수다.

 몇 해 전 매체를 통해 우연히 보게 된 바람꽃 작품으로부터 프랑스 자수와의 인연이 시작되었다. 짙은 갈색 천에 흰 홀아비바람꽃을 단순화한 자수인데 단정하면서도 아련한 느낌이었다. 그것을 보는 순간 나도 수를 놓으며 살고 싶다는 뜨거운 바람이 생겼다. 작은 꽃들과 교감하면서 내가 느낀 것을 남기고 싶었다. 나만의 도안을 만들어 수를 놓을 수만 있다면 더 이상 바랄 게 없을 것만 같았다.

그러나 기세등등하게 덤벼들어 수를 배우기 시작하자마자 높다란 벽이 나를 가로막았다. 수를 놓으면 놓을수록 내가 보여주고자 하는 대상과는 멀어졌다. 나뭇잎 하나 꽃잎 하나조차도 찌그러지고 삐뚤어질 뿐 내가 의도한 대로 놓아지지 않았다. 보고 느낀 것을 마음먹은 대로 표현해내지 못한다는 한계에 부딪자 스스로 실망스러웠다. 수놓은 듯이 아름답다는 관용어가 얼마나 엄청난 표현인지를 그때 알았다. 기껏 놓은 수를 다시 풀기를 여러 번…. 그나마 완성한 것도 썩 마음에 차지 않고 자꾸 잘못 놓은 부분만 눈에 거슬렸다. 점점 풀이 죽은 나는 급기야 바늘이 꽂혀 있는 천을 그대로 둘둘 말아 구석으로 밀쳐놓기에 이르렀다.

수를 까맣게 잊고 지내던 지난해 가을이었다. 빨갛게 물든 단풍나무 아래에서 책갈피에 꽂을 깔끔한 단풍잎 하나를 찾다가 이때껏 수놓은 듯이 아름답다는 말의 의미를 잘못 이해하고 있었다는 것을 깨달았다. 거의 모든 나뭇잎은 끝이 마르거나 떨어져 나가서 온전한 것이 없었다. 비바람을 맞고 뜨거운 햇볕을 견디느라 상처투성이였다. 잠시도 편히 쉬지 못하고 바람에 흔들려야 했을 작은 잎들이 흠 하나 없기를 바란 것은 애당초 무리였다. 그런데도 단풍은 여전히 수놓은 듯이 아름다웠다.

내 무릎 위에 조팝꽃이 흐드러졌다. 얼핏 보면 전문가의 작품처럼 근사하지만, 자세히 들여다보면 역시 비뚤배뚤 엉망이다. 조급한 마음에 엄벙덤벙 마무리한 부분도 군데군데 눈에 띈다. 그러나 이제 나는 애써 놓은 수를 풀지 않는다. 꽃수를 놓던 순간들이 떠오른다. 저녁밥을 짓다가 한 땀, 아이들과 이야기하면서 한 땀, 누군가를 걱정하며 한 땀, 늦은 밤 남편을 기다리면서 한 땀…. 한 마 남짓한 천에 내 시간이, 내 삶이 수 놓여 있다. 이제는 허청거리던 흔적조차 모두 소중하다.

  한바탕 꿈같은 봄의 끝자락이다. 그 많던 꽃들은 다 어디로 사라진 것일까? 어른이 되면 저절로 알게 되리라 기대했으나 여전히 모르는 것이 너무도 많은 채 산다. 그래도 괜찮다. 그중 몇 송이는 아직 떠나지 않고 내 곁에 남았다.

여행이 지나간 자리

 여행에서 돌아와 가방을 비우고 집을 정리한다. 집안 곳곳에 급히 치우고 청소한 듯한 흔적이 보인다. 뒤 베란다 문을 여니 방금 비운 것처럼 쓰레기 하나 남아있지 않다. 전기 레인지도 개수대도 고양이 물그릇까지 말끔하다. 아내 없이, 엄마 없이 지낸 보름 남짓한 시간은 어떻게 흘러갔을까. 적막한 저녁은 얼마나 길었을까. 텅 빈 냉장고 안을 들여다보며 우리에게 전혀 다른 시간이 존재했음을 실감한다.
 여행의 여운은 쉬 가라앉지 않았다. 한동안은 창공에 지나가는 비행기만 보아도 깊은숨을 내쉬며 오래오래 바라보았다. 노을이 지기 시작하는 하늘에 새하얀 비행운을 남기며 어디론가 날아가는 비행기를 쳐다보며 마치 외딴섬에 유배당한 사람처럼 서글픈 마음이 들기도 했다. 여행은 진즉 끝이 났지만 나는 아직 여행을 끝내지 못하고 있었다.
 니케아에서 찍어 온 풍경을 30P 캔버스에 그리기 시작했다. 튀르

키예 공화국의 옛 도시를 거닐다가 마주한 장면이었다. 주택 사이의 좁은 골목에 무심하게 피어 있는 노란 덩굴장미와 그 길 끝에서 쏟아지는 햇살을 한껏 받아 빛나는 살피꽃밭. 왼쪽 건물 벽에 기대어 자란 장미꽃의 빛깔은 피어 있는 자리에 따라 제각각 다르게 보인다. 맞은편 건물에는 살굿빛 타일을 붙인 외부 계단이 있고, 계단 끝에는 프러시안블루 색의 작은 철문이 있다. 얼핏 보면 그 문은 흡사 하늘로 들어가는 문처럼 보이기도 해서 나는 잠시 셔터 누르는 것을 멈추고 건물의 구조를 이리저리 살펴보았었다.

그날 가장 완전한 형태를 찾아내기 위해 한 장면을 수도 없이 찍어대며 '지금'에 스며있는 시간을 생각했다. 내가 떠나온 곳도, 돌아갈 곳도 기억나지 않았다. 얼마나 많은 우연이 겹쳐야 이 찰나가 나에게 주어지는가. 인과율이니 개연성이니 하는 말은 그 순간 아무 의미가 없는 듯 느껴졌다. 1700년 전 공의회가 열렸었다는 이 유서 깊은 도시에 와 있는 나와, 이제는 쇠락해 가는 도시의 저 장미는 어쩌다가 이 시공간에서 이렇게 마주쳤는가.

수십 장의 사진으로도 구도가 완전하지 않아 미리 여러 번 마음속으로 편집하고 붓을 들었지만, 그리는 중에도 즉흥적인 생략과 과장이 무수히 이루어진다. 골목 저 안쪽 화단 위로 쏟아지는 환한 빛이 자꾸 시선을 그리로 이끈다. 건물 모퉁이에 놓여 있는 이끼 낀 토분을 돌아가면 장미를 심어 기른 사람을 만날 수 있었을까? 어쩌면 그곳에는 빨랫줄에 널린 옷들이 바람에 가볍게 나부끼고, 좁은 마당 한쪽에는 잠시나마 편히 앉아 쉴 수 있는 나지막한 의자가 놓여 있을지도 모르겠다. 지금 나는 그림 속 그날의 시간을 되새기며 문득 인간의 굳어진 마음은 무엇에 누그러지는가 하고 생각해 본다.

　나이를 먹으면서 좋은 것 중 하나는 절대 그럴 리 없다고 생각했던 것이 가차 없이 깨질 때였다. 분노가, 완고했던 마음이, 절대 바뀔 것 같지 않았던 생각이 '아! 그럴 수도 있겠구나' 하고 이해되는 순간 나는 차라리 한없이 자유로웠다. 그 역시 시간의 도움이었을까. 유화물감이 페인팅오일에 풀어지듯 아마도 나는 이번 여행을 통해 그렇게 느슨해지고 싶었는지도 모르겠다.

5.

2월 30일

허공에 떠 있는 수많은 별은
아무런 장치 없이 제 무게를 견디며 그 자리를 지킨다.
한자리에 붙박인 채 비바람과 눈보라를 버텨낸
나무들은 속살에 새겨 놓은 테로 전부를 기억하면서도
의연하게 침묵한다.
그러나 무시로 자신의 존재를 잊고 헤매는
우리 인간들은 일 년에 단 하루만이라도
자기의 자리를 다시 확인시켜 줄
기준점이 필요한 모양이다.

7년

허전하다. 뭔가 잃어버린 것 같은데 도무지 생각이 나질 않는다. 엊그제는 딸아이의 전공을 묻는 친구의 물음에 끝내 대답하지 못했다. 친구는 퍽 답답했는지 다른 이에게 물어 우리 딸 전공이 생명공학이라는 것을 알아내서는 나에게 말해 주었다. 갑자기 머릿속이 하얘지면서 아무 생각이 안 나는 증상은 올여름이 시작될 무렵부터 나타났다.

오늘도 종일 찜찜한 기분으로 내가 분실한 것을 찾아내기 위해 골몰했다. 카트를 밀면서 장을 볼 때도, 베란다에 서서 아파트의 정원을 내다볼 때도 알 수 없는 공허함의 정체를 밝혀내기 위해 머릿속을 뒤척거렸다. 유난히 가뭄이 심했던 봄을 지내고도 대지는 어느새 한여름의 짙은 신록으로 푸르다. 그런데 자세히 보니 은행나무들이 군데군데 누렇게 떡잎이 져 있다. 마치 커다란 불길에 그슬리기라도 한 듯 봄 가뭄의 후유증을 호되게 앓고 서 있다.

바로 그 순간 잃어버린 것을 찾았다. 매미 소리다. 올여름에는 아직 매미가 울지 않았다. 매미는 애벌레로 땅속에서 7년을 산다는데…. 그해에 매미들에게 무슨 일이 있었던 것일까. 무슨 혹독한 변고를 당했기에 여름이 깊어지도록 한 마리도 울지 못하는 것일까.

7년 전 우리는 지금의 낯선 도시로 둥지를 옮겼다. 하루가 다르게 쑥쑥 커가는 아이들과 흔들리면서도 앞으로만 나아가려는 남편을 건사하느라 늘 긴장해야 했다. 그러는 사이 간절한 내 꿈들은 까마득히 멀어졌고 나는 점점 지쳐갔다. 어느 날 그냥 이대로 사라져 버리고 싶다고 생각해 본 적이 있다. 곁에 늘 있어서 잠시 없어져도 모르는 것들이 있다. 너무나 흔해서 슬픈 존재가 있다.

굼벵이들이 가뭄으로 인해 굳어져 버린 흙을 뚫고 나오지 못하고 있다. 7년간의 노력이 헛되지 않기를 바라며 캄캄한 땅속에서 언제 올지 모르는 빗소리에 귀 기울이고 있을 그들을 응원한다. 매미들이 날아오르는 날 나도 그들과 함께 세상을 향해 '나 여기 있다'하고 힘차게 노래하리라.

강제 휴식

하룻밤 사이에 사정이 달라졌다. 어젯밤까지만 해도 다음 날 할 일을 머릿속으로 셈하고 있었는데 불과 몇 시간 후인 지금은 몸을 움직일 수조차 없다. 잠시 잠들었다가 깨었을 뿐인데 도대체 내 몸 안에서 무슨 일이 벌어진 걸까. 너무 아파 신음이 새어 나오고 정신이 아득하다. 무엇이 어디부터 잘못된 것인지 찬찬히 되짚어 본다. 도무지 이유를 모르겠다. 마음대로 움직일 수 없는 몸 상태에 역정이 난다. 병원에 다녀와도 별 차도가 없는 것을 보면 아플 만큼 아파야 나을 작정인가. 눈에 보이지도 않는 바이러스에 그야말로 속수무책이다. 자신만만하던 인간이 이렇게나 무력할 수 있는 나약한 존재라는 사실이 절실히 와 닿는다.

주말에 계획되어 있는 집안 행사는 사정을 이야기하고 2주 후로 옮겼다. 몇몇 약속도 전화나 문자로 취소했다. 모두 어렵게 시간을 내어 맞춘 날이었는데 뜻밖의 변수가 생기고 보니 미안한 마음도 잠깐이었다. 앞으로 일주일의 일정이 모두 비었다. 이제 마음 놓고 아파도 될까? 사실 출산했을 때도 이렇게 쉬어보지 못했다. 밤낮으로 잠이 쏟아져서 비몽사몽이다. 예전에 어른들이 잠은 빚이라고 말씀하셨는데…. 나도 모르는 빚이 이렇게나 많이 어디에 쌓여 있었단 말인가. 이유를 찾기도 전에 또다시 까무룩 잠에 빠져든다. 잠깐씩 정신이 들 때마다 할 일만 생각난다.

얼마 전 감자를 캔 자리에 새로 심은 애호박은 지금 곁순을 잘라주고 줄을 잡지 않으면 일이 힘들고 번거로워진다. 옥수수도 수일 내에 수확하여야 한다. 요 며칠 비가 와서 성장이 주춤하고 있지만 이러다가도 갑자기 해가 뜨거워지면 서둘러 출하해야 한다. 그런데 모처럼 쉬게 되었는데도 하고 싶은 일이 아니라 해야 할 일들만 꼬리를 물고 떠오른다는 사실이 조금 놀랍다.

포기다. 내가 지금 할 수 있는 일은 없다. 다 잊고 이참에 강제로라도 휴식을 취할 생각이다. 몸이 쑤시는 증세가 가라앉기 시작하자 비록 누워서라도 책을 볼 수 있을 정도는 되었다. 꽤 오래전부터 머리맡에 두고도 손을 대지 못하던 아일랜드 작가 클레어 키건의 『이처럼 사소한 것들』을 펼쳐 든다. 누워서 읽으려니 한 페이지씩 넘길 때마다 자연스럽게 이쪽저쪽으로 몸을 뒤척이게 된다. 그리고 보니 박완서 작가도 이렇게 누워서 책을 읽곤 했었다는 말을 들었던 것 같다. 대작가와의 공통점이라니…. 갑자기 내가 무슨 거창한 일이라도 하는 듯 뿌듯한 마음이 든다.

열이 나 괴롭던 몸이 크리스마스 무렵 북유럽의 겨울 분위기에 빠져들며 잠시나마 아픔을 잊는다. 주인공 펄롱은 매일 반복해서 땔감 배달하면서도 우연히 목격한 수녀원에서의 불의를 대면하고 고뇌하기 시작한다. 결국 아이를 구출해 함께 집으로 걸어가며 '문득 서로 돕지 않는다면 삶에 무슨 의미가 있는지 하는 생각이 들었다. 그 나날을, 수십 년을, 평생을 단 한 번도 세상에 맞설 용기를 내보지 않고도 거울 앞에서 자기 모습을 마주할 수 있나?' 한다. 앞으로 큰 대가를 치러야 함에도 당당하고 기쁜 그가 부럽다.

  그동안 내가 무심코 지나쳤던 것들이 머릿속을 스친다. 내가 나중에, 나중에 하면서 미뤄두었던 일들은 대부분 내가 간절히 하고 싶었던 그러나 어쩌면 아주 사소해 보이는 일들이었다. 다시 내 앞에 주어진 시간을 감히 기대해도 될까. 감기 몸살은 강제 휴식을 통해 단지 나를 쉬게만 할 속셈은 아니었나 보다.

2월 30일

 남편이 설거지한다. 그는 오늘 평소보다 일찍 일어나 미역국을 끓이고, 마트에서 사 온 동그랑땡과 손수 만든 샐러드로 내 생일상을 차려주었다. 한참 동안 주방을 어지럽히며 공들인 것에 비해 식탁은 초라했다. 그래도 나는 어린아이처럼 재잘거리며 맛있게 음식을 비워낸다. 매년 남편이 장만해 주는 어설픈 생일상을 내가 굳이 마다하지 않는 까닭은 생일에 관련된 슬픈 기억 때문이다. 나는 2월 30일에 태어났다.

 내가 생일을 이야기하면 대부분 사람은 그런 날짜가 정말 있느냐고 묻는다. 컴퓨터나 휴대전화도 2월의 음력 일은 29일로 끝나나 있으니 당연한 질문이다. 몇 년에 한 번 생일이 돌아오는지를 궁금해하는 사람도 있다. 더러는 무슨 기막힌 사연이라도 있으면 말 좀 해보라는 듯 나를 바라보기도 한다. 그러나 그저 2월 30일이라는 해괴한 날짜가 마침 내가 나던 해에 있었고, 하필 그날 내가 태어났을 뿐이라고 하면 슬쩍 실망하는 기색이다. 있었다 없었다 하는 날짜를 생일로 둔 나는 그럴 때마다 마치 불행한 운명을 타고난 사람이기라도 한 것처럼 풀이 죽었다.

　어릴 때는 주워 온 아이라고 놀림을 많이 받았다. 부모님을 닮지 않은 외모 때문이었다. 하지만 나는 그 이유를 별난 생일 탓으로 돌리며 남모르게 고민했다. 해가 바뀌면 부모님은 새 달력에 한 해의 여러 행사를 기록하였다. 아빠는 그해 음력 2월에 30일이 없으면 "이런, 올해는 둘째 생일이 없구나."라며 2월의 끝 날이나 3월 초하루 칸에 내 생일을 적었다. 생일이 없다는 말은 나를 항상 울적하게 만들었다.

　고모는 내 고향이 베트남이라고 했다. 그 증거로 커다란 바나나 나무 앞에서 찍은 서너 살 무렵의 사진을 내밀었다. 흑백사진 속에서 반바지만 입은 여자아이가 웃고 있었다. 막내 삼촌은 내 친부모님이 한강 다리 밑에 살고 있다고도 했다. 당장 보여 줄 수도 있다면서 손바닥으로 양쪽 귀를 눌러 잡고 높이 들어 올렸다. 삼촌과 내가 옥신각신 실랑이할 때면 엄마와 아빠는 건성으로 말리는 시늉을 하면서 웃었는데 나는 그런 부모님의 모습이 영 수상쩍어 보였다.

　학년 초에 새로 사귄 친구들과 생일에 관해 얘기할 때가 가장 난감했다. 중학교에 입학하던 해에는 엉겁결에 3월 28일이라는 가짜 생일을 만들어 낸 적도 있었다. 그날이 생일이 되기 위해선 내가 먼저 그날을 진짜 생일이라고 믿어야 했다. 가짜 생일의 가장 큰 단점은 아무리 축하받아도 기쁘지 않다는 것이다. 하고많은 날 중에서 왜 꼭 태어난 날이어야 특별한 것일까. 머리로는 진짜든 가짜든 마찬가지라고 생각해도 마음은 점점 부질없는 짓을 하고 있다고만 느껴져 후회되었다. 1년에 딱 한 번 생일이라며 미역국을 먹는 날이 있기는 있었다. 엄마는 음력 2월 16일인 오빠 생일 한 보름쯤 뒤에 갑자기 생각난 듯 허겁지겁 딸의 생일을 챙겨주곤 하셨다. 미역국 말고 특별히 맛있는 것을 얻어먹지는 못했던 것 같다. 따로 축하받은 기억도 없다. 가족들로서도 늘 제멋대로인 내 생일을 함께 기뻐해 주기가 당최 긴가민가했었던 모양이다. 다만 장손인 오빠만을 끔찍이 생각하시던 할머니가 그날만큼은 학교에 가는 나를 불러 세워 용돈을 주셨다.

버려진 아기가 생존할 수 있도록 만든 베이비 박스라는 것이 있다. 섭씨 36도로 온도가 유지되는 상자에 아기를 뉘면 건물 내부에 벨이 울리고, 담당자가 나와서 아기를 데리고 들어가 보호하는 장치다. 논란의 여지는 남아있지만, 아무 곳에나 놓아둔 아기가 저체온으로 목숨을 잃는 경우가 많기에 소중한 아기의 생명을 구하자는 취지로 생겨났다고 한다. 베이비 박스에는 아무런 조건도 제시되어 있지 않다. 감시 카메라도 아기만을 비추게 되어 있다. 단 하나 '아기의 출생일을 꼭 적어주세요'라는 문구만이 붙어있을 뿐이다.

버려지는 아기에게도 생일은 필요하다. 출생신고와 예방 접종 등에 요긴하게 쓰일 것이다. 하지만 어쩌면 생일은 '내가 이곳에 있다'라는 좌표인지 모른다. 허공에 떠 있는 수많은 별은 아무런 장치 없이 제 무게를 견디며 그 자리를 지킨다. 한자리에 붙박인 채 비바람과 눈보라를 버텨낸 나무들은 속살에 새겨놓은 테로 전부를 기억하면서도 의연하게 침묵한다. 그러나 무시로 자신의 존재를 잊고 헤매는 우리 인간들은 일 년에 단 하루만이라도 자기의 자리를 다시 확인시켜 줄 기준점이 필요한 모양이다.

문득 검색창에 음력 2월 30일이라는 내 좌표를 쳐 보았다. 우선 지금까지 몇 번이나 진짜 생일이 있었는지가 제일 궁금했다. 결과는 의외였다. 뜬금없이 찾아오던 생일은 10번이 채 안 될 것이라는 짐작과 달리 나이의 반 이상이나 되었다. 나는 지레 겁을 먹었던 것이 분명하다. 달력에서 쫓겨난 그믐날처럼 내 운명도 그렇게 캄캄할 것이라고 넘겨짚었다. 훗날 내 고향 베트남의 바나나 나무는 오래전에 살던 집 마당에 있던 파초로 밝혀졌다. 사진 속의 내가 꽃고무신을 신고 있었던 것을 진즉 알아챘더라면 그렇게까지 쓸쓸하지는 않았을 텐데….

내 결혼 날짜가 잡히자, 할머니는 손녀 사윗감에게 음력 2월에 30일이 있든 없든 생일을 잘 챙겨주라고 따로 부탁하셨다고 한다. 이제 내 생일은 무조건 음력 2월의 마지막 날이다. 비록 그중 절반이 가짜라 해도 지금은 다 괜찮다. 일일이 칸을 세어 보지 않아도 쉽게 자리를 찾을 수 있는 나이가 된 것일까. 나로 인해 생겨난 좌표의 점들과 나의 점 사이에 인력이 작용하여 서로 길을 잃지 않도록 끌어당겨 주는 것일까. 그렇지만 5년 만에 찾아온 올해의 진짜 생일이 반가운 것은 나도 어쩔 수가 없다.

아버지가 사는 곳

한의원 창밖에 가을이 한창이다. 길 건너 목욕탕 마당에 있는 커다란 감나무는 발갛게 익은 자잘한 감을 잔뜩 달고 서 있다. 남편은 지금 침을 맞고 있다. 아침나절에 영산홍을 만만하게 보고 옮겨 심다가 허리를 다쳤다. 조금만 움직여도 아프다고 비명을 지르는 통에 정신없이 병원으로 차를 몰았다. 하필 오늘이 장날이라 한의원은 북새통이다. 그 틈에서 친정아버지 연배의 노인에게 자꾸 눈길이 간다.

아버지는 이 세상에서 가장 눈이 많이 오는 곳에 산다. 그곳의 눈은 한 번 내렸다 하면 대부분 폭설이어서 한겨울에는 터널을 뚫고 다녀야 할 정도다. 10월 말쯤부터 오락가락하기 시작한 눈은 온 천지에 벚꽃이 흐드러지기 전까지 계속된다. 여름에는 비도 거의 하루걸러 온다. 비 역시 퍼붓기 시작하면 쉬 그치지 않는다. 멀리 내려다보이는 강으로 돼지 몇 마리가 둥둥 떠내려가야만 다시 볕이 난다. 날씨는 아버지와 나의 단골 이야기 소재다. 아버지는 전화 너머에서 변화무쌍한 기상 상태를 시시각각 실감 나게 나에게 전하고 나는 그럴 때마다 깜짝깜짝 놀란다. 뉴스를 쉽게 접할 수 있는 지금은 진실 여부를 즉시 확인해 보고 대충 맞장구를 쳐주면 되지만 예전에는 사정이 달랐다. 먼 지방에 떠나가 살면서 애를 태운 적도 많았다.

아버지는 오래전부터 장난이 심했다. 어린 시절에 온 가족이 둘러앉아 밥을 먹을 때 텔레비전에 정신을 빼앗기고 있으면 영락없이 밥그릇이 사라졌다. 상 밑을 살펴보고 밥상을 몇 바퀴 돌며 찾아도 보이지 않았다. 엄마는 애써 모른 체하고 아버지는 오빠가 다 먹었다거나 개가 와서 물고 갔다는 등의 말로 기어이 눈물이 그렁그렁 고일 때까지 장난을 쳤다. 밥그릇은 다시 나타날 때도 눈 깜짝할 새에 제자리로 돌아왔다.

아버지는 거짓말도 잘했다. 출퇴근이 불규칙해 뒤늦게 혼자 식사할 때가 많았던 아버지의 밥상에 엄마는 꼭 달걀부침을 올렸다. 우리는 윗목에서 장난을 치며 놀면서도 자꾸 밥상으로 눈길이 갔다. 아버지는 달걀 요리를 싫어하셨다. 특히 달걀부침은 비린내가 난다며 접시를 아예 밥상 구석으로 밀어 놓고 수저를 드셨다. 나는 한 번도 아버지가 달걀부침 드시는 것을 보지 못했다. 아버지가 식사를 다 하고 밥상을 쓱 밀어내면 우리 삼 남매는 우르르 달려들어 그것을 나눠 먹었다. 나는 아버지가 드시지도 않는 음식을 자꾸 해주는 엄마가 이해되질 않았다. 이렇게 맛있는 음식을 미간까지 찌푸리며 입에 대지 않는 아버지는 더 이상했다. 바보처럼 그때는 정말 몰랐다.

어느새 팔순을 훌쩍 넘긴 아버지는 지금도 여전하다. 그러나 언제부터인가 아버지의 전화가 없는 날은 덜컥 겁이 난다. 하루에도 몇 번씩 걸려 오던 장난스러운 전화가 영영 안 올 수도 있다는 것을 생각하면 정신이 아득해진다. 일찍 돌아가신 엄마의 자리까지 묵묵히 채워준 아버지다. 갑자기 떠난 엄마의 장례를 치르고 텅 빈 집으로 돌아오던 날. 엄마가 쓰러지기 전에 담가 놓으신 김치가 부뚜막 위에서 우리를 기다리고 있었다. 사흘 만에 식초처럼 시어진 엄마의 마지막 김치로 모래알 같은 밥을 먹을 때도 아버지는 슬픈 얼굴을 보이지 않았다.

어제 아침에 아버지는 땅이 꺼질 듯 한숨을 내쉬면서 근심거리를 털어놓았다. 놀란 내가 어찌할 바를 모르며 걱정하자 전화기 너머에서 유쾌한 웃음소리가 들려온다. 또 속았다. 아버지는 평생 나를 혼란스럽게 했다. 세상살이가 고단한 날은 잘 지내는 척 밝은 목소리로 대꾸하기조차 짜증 나고 귀찮을 때도 많았다. 나는 솔직한 사랑이 좋다. 그래서 딸이 예쁘면 예쁘다 하고, 아들이 기특하면 기특하다 한다. 아이들이 좋아하는 음식은 나도 좋아한다며 함께 머리를 맞대고 나누어 먹고, 때때로 엄마 아빠가 요즘 많이 힘들다고 고백하기도 한다.

치료를 마친 남편이 허리를 부여잡고 벽을 짚으며 나온다. 달려가 부축하려는데 하필 그때 전화벨이 울린다. 큰아들이다. 남편이 급히 내 팔을 힘주어 잡는다. 고개를 가로젓고 손을 흔들며 아들에게 절대 자기가 아프다고 얘기하지 말라는 신호를 요란하게도 한다. 나는 곧

이곧대로 표현하는 사랑이 좋은데 남편은 점점 아버지를 닮아간다. 며칠 새 부쩍 날씨가 쌀쌀해졌다. 올해는 첫눈이 온다는 장난 전화를 내가 먼저 걸어 볼 참이다.

가장 빛나던 시절

누군가 내게 다시 돌아가고 싶은 시간을 묻는다면 나는 조금도 고민하지 않고 아이들을 키우던 시절이라고 말할 것 같다. 서투르고 허둥댔지만, 남편과 함께 연년생 아이 셋을 기르느라 쩔쩔매던 그 시절이, 동분서주하던 그때가 나의 가장 빛나던 시절이었다. 온 힘을 다해 살아낸 뜨거운 나날이었다. 아이들을 키우며 감당하기 어려운 순간도 있었고 힘겨운 고비도 많았다. 다시 그때로 돌아간다면 현명하고 슬기로운 엄마가 될 수 있을는지….

하루는 고3을 눈앞에 둔 큰아들이 안방에 들어오며 조용히 문을 닫았다. 잠시 침묵하고 앉아 있던 아이는 작곡 공부를 하고 싶다며 어렵게 말을 꺼냈다. 얼마나 오랫동안 혼자 고민해 왔는지 아이의 어깨는 작아져 있었다. 왜 음악이 하고 싶은지, 어떤 음악을 만들고 싶은지 묻지 않았다. 어떻게든 타일러서 생각을 돌리고 싶었다. 가고 싶은 대학에 합격하기가 하늘의 별을 따는 것보다 어려울 거라고, 설사 음악을 전공한다고 해도 그 일을 평생 계속하기는 힘들 거라고 했다. 그렇게 살면 안 된다고, 나중에 반드시 후회하게 될 거라 말했다. 하지만 그 어떤 말로도 아이의 뜻을 꺾을 수는 없었다. 어렵사리 허락받은 아이는 울어버렸다.

갈림길에서 굳이 험난한 산길을 선택하는 아이를 보며 부디 그 길에 아름다운 꽃과 새가 많아 지치지 않고 오를 수 있기를 빌었다. 좋은 벗들을 만나 서로 도움 주고받을 수 있기를, 정상에 가까워질수록 더욱 정직하고 겸손하기를, 그리하여 그 넉넉함으로 사람들의 마음을 덥힐 수 있기를 바랐다. 나는 그날 아들 품에 안겨 잠이 들었다.

어느새 어두워지고 있었다. 일요일 저녁 고등학교 1학년 딸을 기숙사에 데려다줘야 하는 시간이다. 딸아이는 조개처럼 입을 앙다물고 컴퓨터 앞에 앉아 있다. 친구들과 어울려 해야 하는 과제에 문제가 생긴 모양이었다. 부모가 여행을 떠나며 부탁한 이웃집 아들까지 함께 태워다 주기로 덜컥 약속해 놓은 걸 알면서도 딸은 책상 앞에서 요지부동이다. 시간에 쫓겨 초조해진 나는 치미는 화를 꾹꾹 참으며 이유를 물어대다가 딸의 등짝을 후려쳤다.

딸아이의 코끝에 눈물방울이 맺히고 가느다란 손가락이 떨리는 게 보였다. 미리 실어 놓았던 딸의 캐리어와 옆집 아이만 태우고 학교로 향했다. 친구 아들은 딸의 가방에라도 물어보고 싶어 하는 눈치였지만 물건도 주인을 닮는 모양인지 가방은 말이 없었다. 어두운 밤길을 달려 다시 집으로 돌아오면서 늘 속이 깊은 딸아이를 조금 더 기다려 주지 못한 후회로 눈앞이 어지러웠다.

어느 날 하교 시간이 지나도 집에 돌아오지 않는 중2 막내아들을 찾아 무작정 집을 나섰다. 수정교와 이어진 복개천 밑은 악마의 입속처럼 캄캄했다. 몇몇 사내아이들이 무리를 지어 그곳으로 들어가고 있었다. 아이들은 주위를 살피며 걸었다. 막내는 보이지 않았다.

온 나라가 IMF로 힘겨워하던 시절에 셋째를 갖고 본능적으로 아이를 지켜냈다. 기쁨에 들떠 찾아간 산부인과에서는 아이를 낳을 것인지부터 물어왔다. 우리는 6개월이 지나고 배가 꽤 부르고 나서야 어른들께 임신 소식을 알렸다. 남편은 셋째를 낳았을 때 너무 좋아 소리를 지르며 펄쩍펄쩍 뛰어다녔다. 입장표를 잃어버린 사람처럼 검은 굴의 입구를 노려보다 돌아오는 길에, 학교를 마치고 집으로 가는 막내의 뒷모습을 보았다. 끝까지 믿어주지 못한 미안한 엄마 때문에 그날 막내는 엄청난 간지럼 공격을 견뎌내야 했다.

엄마가 처음이라 서툴렀다. 한 번도 경험해 보지 못한 엄마 역할을 맡아 최선을 다했지만, 결과는 늘 미흡했다. 행여 아이들이 잘못될까 봐 불안해서였을까. 느긋하게 기다려주지 못하고 성말랐던 점도 많아서 정말 미안하다고 사과하고 싶은 순간도 무수하다. 하지만 누군가 내게 다시 돌아가고 싶은 시간을 묻는다면, 정말 그럴 수만 있다면 나는 조금도 고민하지 않고 아이들을 키우던 시절이라고 말할 것이다. 사랑하는 아이들과 부대끼며 함께 성장하던 그때가 나의 가장 행복하고 빛나던 시절이었다.

감시 카메라

　사무실에 혼자 앉아 있다. 책상 위에 일감은 펼쳐놓았지만, 자꾸 창밖의 풍경으로 눈길이 간다. 움직이는 것에 시선을 빼앗기는 것은 본능일까? 바람에 흔들리는 나뭇잎이나 급히 뛰어 길을 건너는 작은 고양이를 쳐다보게 된다. 허리가 기역자로 굽은 노인이 폐지를 실은 수레를 힘겹게 끌고 간다. 나는 그가 어린 손자와 함께 살고 있다는 것을 알고 있다. 그는 이제 집에 돌아가 고단한 몸으로 아이의 저녁을 준비할 것이다. 나는 지금 객관적인 시각으로 이 모든 장면을 바라보고 있다.
　이상하다. 사무실에는 분명 혼자뿐인데 누군가가 나를 보고 있는 것만 같다. 일의 편의를 위해 설치해 놓은 CCTV다. 그것 역시 사물이 움직일 때 반응한다. 나는 당장이라도 마음만 먹으면 모니터를 통해 이 건물에 있는 사람들을 다 들여다볼 수가 있다. 물론 그 화면 속에는 나도 포함되어 있다. 카메라를 설치할 때만 해도 내심 전지전능해질 것을 기대했지만 나 또한 감시의 대상이 되어야 한다는 것은 미처 생각지 못했다. 무심히 지내다가도 문득 카메라의 존재가 거북해지기 시작하면 그때부턴 아주 곤욕스럽다. 그럴 땐 슬금슬금 사각지대로 숨어드는 수밖에 없다.

얼마 전 자외선을 차단하려는 목적으로 자동차의 유리를 짙게 선팅했다. 안에서는 밖이 훤히 내다보이는데 밖에서는 차 안이 검게만 보일 뿐인지 사람들이 나를 못 본 채 그냥 지나간다. 뜻하지 않게 커다란 감시 카메라가 되어버린 자동차로 인해 새로운 일과가 생겼다. 차에 앉아 커피를 마시며 재미 삼아 동네 사람들을 구경하는 일이다. 점잖기로 소문난 분이 길바닥에 거리낌 없이 침을 뱉고는 방귀를 뀌며 지나간다. 삼삼오오 아이들은 아무렇지도 않게 여기저기에 쓰레기를 던지고, 금실이 좋다고 자랑하던 부부가 차 옆에 멈춰 서서 한바탕 싸움한다. 급기야 이웃집 남자는 이리저리 휘둘러보더니 후미진 곳으로 들어가 벽을 향해 선다. 이쯤 되면 차라리 고개를 돌려 버려야 한다.

우리는 왜 서로를 감시하게 되었을까. 나 외에는 그 누구도 믿을 수 없다는 불안과 걱정이 감시 카메라를 만들어 냈다면 과연 자기 자신은 믿어도 되는 것일까. 하긴 나부터도 남의 눈길이 미치지 않으니 가장 기본적인 것부터 허물어지기 시작했다. 늘 내가 먼저 하던 인사는 물론이고 차에 타면 단속이 무서워 안전띠부터 매던 습관도 슬며시 사라져 버렸다. 어느 틈엔가 의지가 박약한 우리가 감시 카메라의 도움을 받아야 하는 신세가 되고 말았다.

하지만 이젠 도가 지나쳐 사람이 되레 카메라의 눈치를 봐야 하는 형편이다. 우리의 모든 사생활은 곳곳에 저장되어 당사자에게 동의도 구하지 않은 채 제멋대로 이용되고 있다. 나도 모르게 촬영되는 횟수가 하루 평균 수백 회에 이른다지만 도로나 자동차에 설치된 블랙박스까지 친다면 온종일 감시 카메라에 노출되어있다고 해도 과언이 아니다.

조지 오웰의 『1984』를 읽었던 1988년만 해도 감시 세계의 심각성을 단번에 알아채지는 못했었다. 그때는 이미 1984년에서 4년이나 지난 후였지만 전에 비해 그다지 달라진 것이 없었다. 주인공은 머릿속의 공간을 제외하고는 자기만의 세계는 없다고 절규했다. 그런데도 나는 그가 '빅 브라더'의 통제에 맞서 저항하다가 파멸해 가는 과정을 소설 속의 허구라고만 믿고 싶었다. 놀랍게도 『1984』는 너무나 가까운 길목에서 우리를 기다리고 있었다. 그리고 우리는 어느새 감시에 익숙해져 버렸다.

며칠 전 지인이 휴대전화로 다른 도시에 있는 집을 들여다보는 장면을 목격했다. 그녀는 휴대전화의 버튼을 이용해 그 집에 설치된 카메라의 렌즈를 상하좌우로 움직여서는 집안을 샅샅이 훑어보고 있었다. 액정화면으로 어지럽게 흐트러진 장난감과 옷가지가 보였다. 나는 마치 내 집이 들여다보이는 것처럼 불쾌했다. 하지만 그녀는 일상인 듯이 "다 나갔나? 아무도 없네?"하고 대수롭지 않게 말했다. 그 사람은 어린아이 둘을 육아도우미에게 맡기고 출근해야 하는 딸의 부탁으로 멀리서나마 손주들을 수시로 살펴봐 주는 친정엄마였다. 감시 카메라의 또 다른 이름, 그것은 사랑이었다.

어떤 사건이 발생했을 때 우리는 폐쇄회로 텔레비전의 화면을 되돌려 결정적인 장면을 다시 찾아볼 수가 있다. 만약 그 일이 안타깝고 슬픈 사고였다면 냉정하게 반복 재생되는 화면 앞에서 가족들은 억장이 무너질 것이다. 그러나 방심하면 안 된다. 대부분 카메라는 기록을 따로 보관해 놓지 않으면 저장용량에 따라 녹화된 순서대로 삭제되어 버린다. 그런데 우리의 모든 행위가 정말 그렇게 쉽게 사라져 버릴까. 위급한 동작이나 소리를 감지하여 알려주는 인공지능 카메라까지 출시가 됐다지만 세상에서 가장 성능이 우수한 감시 카메라는 여전히 가슴 속에서 작동하고 있다.

우리의 일거수일투족은 각자의 양심에 녹화된다. 양심은 용량이 커서 녹화된 순서대로 화면이 지워지는 일이 없고, 다시 꺼내 볼 수도 만질 수도 없어 제멋대로 조작하기가 불가능하다. 우리는 이미 옳고 그름을 판단하는 감각마저 무뎌져 감시 카메라 앞에서 잘못을 저지를 때조차 양심의 가책을 느끼지 못하는 지경에 이르렀다. 그러니 허울만 찍어 대는 그깟 기계 따위에 더는 신경 쓸 일이 아니다.

지금 나를 지켜보고 있는 카메라가 자꾸 거슬린다면 조용히 내면을 들여다보자. 나로 인해 마음이 아픈 사람이 있는지, 그래서 미안하거나 부끄러운지를 살펴보자. 양심에 거리낌이 없다는 것은 내 안에 있는 나와 지금을 사는 내가 서로 아무것도 감출 것이 없는 상태를 말한다. 만약 스스로 돌아보아 떳떳하지 못하거든 마음속에 있는 감시 카메라를 의식해야 한다. 나의 전 생애가 녹화된 양심 카메라의 재생 버튼을 내 손으로 직접 눌러야 하는 순간이 불시에 닥쳐올 수도 있으니….

긴 여행

여행하러 온 곳에 눌러앉아 지금까지 살고 있다. 산다고는 해도 늘 잠시 다니러 온 기분으로 지내고 있으니 가끔은 여행인지 거주인지 헷갈릴 때도 있다. 내가 이곳에 깃들인 지 꽤 오랜 시간이 흘렀지만, 여전히 이곳의 풍경이 놀랍도록 아름답고 사람들은 따뜻하다.

처음, 이 마을에 도착했을 때 내가 '저런 집에 살아보고 싶다.'하고 감탄하며 외치던 집을 사람들은 모두 폐가라고 불렀다. 나는 그 집 마당 끝에 있는 감나무를 보고 반해버렸다. 어쩐지 감나무들은 새로운 가족을 애타게 기다리고 있는 것처럼 보였다. 예전에 이 집에 살던 사람들은 가을이 깊어지면 빨갛게 익은 감을 긴 막대기로 따며 온 가족이 즐거워했겠지. 윤기 나는 나뭇잎 사이로 눈부시게 반짝이던 오월의 햇살은 순간 나를 멍멍하게 만들었다. 마법에 걸린 듯 온 뜰을 가득 메운 잡초와 거미줄마저 아름답게만 보였다. 어떻게 그럴 수 있었을까? 지금 생각해 보면 그때 나는 너무나 지쳐 있었는지도 모르겠다.

오랫동안 비어 있던 까닭에 다 허물어져 내린 구들과 아궁이도, 뒤틀려 제대로 닫히지 않는 방문도 내게는 문제가 되지 않았다. 당장 그 집에 여장을 풀고 싶은 마음뿐이었다. 그러나 결국 폐가 수리에 시간과 비용이 너무 많이 든다는 것과 아직 어린 세 아이와 함께 생활하기에 너무 불편하다는 이유로 그 집은 포기해야만 했다. 하지만 그곳에서 그리 멀지 않은 곳에 마음에 쏙 드는 터를 구해 급히 조그마한 집을 지었다. 집을 짓는 중에도 나는 하루라도 빨리 이곳에 살아보고 싶어서 몸살이 날 지경이었다.

시골에서의 생활은 환희 그 자체였다. 우리의 일상은 도시에서와는 전혀 딴판이 되었다. 동이 트기 전부터 요란하게 지저귀는 새소리에 느지막한 아침은 꿈도 꿀 수 없었다. 앞산에서 떠오르는 햇살이 빗살처럼 사방으로 뻗어나가는 장관을 내 생전 처음 보았다. 정리가 채 덜 끝난 돌투성이의 붉은 흙 마당엔 온갖 풀이 자라나고 모든 풀은 어김없이 나름대로 아름다운 꽃을 피웠다. 우리는 간단히 입고 소박하게 먹으며 이곳 사람들을 닮아갔다.

눈을 떴는지 감았는지도 모를 칠흑같이 어두운 밤이면 아이들과 마당에 돗자리를 깔고 누워 별을 찾아보았다. 캄캄한 마당을 별똥별처럼 날아다니는 반딧불과 창문을 기어오르는 청개구리들을 보고 아이들은 한없이 기뻐했다. 나는 들꽃으로 집안을 장식하고 커튼을 만들고 빵을 구웠다. 남편은 텃밭에 채소를 가꾸고 창고를 짓고 보리수나무를 심었다. 아이들은 종일 마당에서 강아지, 고양이들과 뛰어놀고 우리는 저녁마다 함께 시간을 보내다가 잠이 들었다.

통장 잔액이 바닥을 드러내기 시작할 때쯤 우리 부부는 도서관에서 배추 농법 책을 빌려다 읽으며 산 아래의 비탈진 밭을 얻어 배추 농사에 뛰어들었다. 마을 사람들은 우리가 곧 농사에 실패하고 다시 훌쩍 떠날 것이라 예상했을 테지만 우리는 이곳에 조금이라도 더 오래 살고 싶어 힘든 줄 모르고 무엇이든 했다. 옥수수, 감자, 콩, 고구마, 호박…. 생계를 위해 점점 밭을 더 많이 빌리고 작물의 가짓수를 늘여갔다. 그렇게 한 해 두 해가 흘러가고 우리도 마당의 나무들처럼 천천히 뿌리를 내렸다. 아이들에게는 모교가 생기고, 친구가 많아졌다. 우리 부부도 점점 정이 든 사람이 생겨나 불쑥 들러 안부를 묻거나 차 한 잔을 얻어 마실 곳이 늘어났.

집 짓던 해에 심은 보리수가 어느새 자라 마당에 큰 그늘을 드리우고 지붕보다 훌쩍 자란 벚나무에서 봄마다 환한 꽃이 핀다. 모든 상황이 불확실하던 그때 훗날 우리가 떠난 자리에 와서 살게 될지도 모를 누군가를 위해 나무를 심은 것은 옳았다. 만약 다음 여행을 생각하며 그저 잠시 머물기만 했다면 지금도 이곳은 여전히 휑한 돌밭으로 남아있을 것이다.

어린 시절 우리 집에는 네 권짜리 두꺼운 세계여행에 관한 책이 있었다. 여행이 자유롭지 못하던 시절에 세계 각지의 멋진 유적들의 컬러사진이 많이 실려 있는 그 책은 어떤 동화책보다도 흥미로웠다. 스페인의 정교하게 조각된 전승 탑이나 로마의 콜로세움, 잉카의 돌무

덤 안에 웅크리고 있던 미라. 그리고 내가 가장 좋아하던 알프스의 푸른 풀밭…. 얼마나 몰입했던지 지금도 텔레비전에 그때 사진으로 보았던 풍경이 나오면 마치 그곳에 내가 정말 갔었던 것 같은 착각이 든다.

학교에 다녀와 숙제를 마치면 늘 마루에 엎드려 그 책을 뒤적였는데 신기하게도 내가 직접 그곳에 가보고 싶다는 생각은 한 적이 없다. 그러나 항상 그 책을 만들어준 사람에게 고마워했던 것 같다. 어린 시절 접해 본 것을 평생 꿈으로 간직하며 기어코 그 소망을 이루어낸 훌륭한 예술가도 많고 과학자도 많건만 나는 왜 단 한 번도 여행가의 꿈을 꾸어보지 않았을까? 혹시 그곳이 너무 좋아 눌러 앉아버릴지도 모를 자신의 기질을 지레 알아챈 것은 아닌지.

오랜만에 얼굴을 내민 햇살이 반가워서 마당을 가로질러 줄을 맨다. 허리춤에 빨랫줄을 친친 감고도 우뚝 서 있는 보리수가 믿음직스럽다. 홑이불이 바람에 너풀거린다. 내가 다음 여행지를 고민하지 않은 지 어느새 20여 년이 지났다. 이곳이 여전히 마음에 들어 조금 더 살아볼 생각이다.

문

 시어머님이 버스에 오르신다. 차창 너머에 계신 어머니는 어제 마중 나와 뵈었을 때보다 더 작아지셨다. 모처럼 큰아들 집에 다니러 오셨던 어머니는 어제부터 내내 한자리에만 앉아 밀린 이야기보따리를 풀어놓는 나에게 미소를 지으시며 자꾸 "고맙다", "잘했다"라고만 말씀하셨다. 밝고 거침이 없던 어머니의 모습이 이제는 어렴풋하다. 내가 잠시만 집을 비워도 가구의 위치를 바꿔놓거나, 이곳저곳 들여다보시는 통에 마음이 분주했던 것이 불과 몇 해 전이다. 어느새 저렇게 늙으셨을까. 떠나는 뒷모습을 보이고 싶지 않으신지 자꾸 어서 들어가라고 손짓하신다.
 결혼을 앞두었을 때 친구들은 연로한 시부모님과의 갈등을 이야기하며, 젊고 아름다운 나의 시어머님을 은근히 부러워하는 눈치였다. 하지만 나는 그들이 쏟아내는 고민이 너무나 자질구레하여 오히려 놀랄 지경이었다. 나는 시어머니와 잘 지낼 자신이 있었다. 특별한 비법은 없었다. 내가 그분과의 동거를 그리 걱정하지 않았던 가장 큰 이유 역시 어머님이 아직 젊다는 것뿐이었다. 적어도 그것이 소통의 가능성을 높여줄 것이라고 믿고 싶었다.

어머니와 내가 살림을 합치던 날, 어머니는 닫혀 있는 문을 보면 가슴이 답답하니 서로 문을 열어 놓고 살자는 말씀을 하셨다. 설마 했지만 정말 놀랍게도 그분의 방문은 늘 열려있었다. 마치 본디 문의 용도를 모르는 사람처럼 집안의 문이라는 문은 다 열어 놓으셨다. 아예 닫을 수 없게 고정해 놓은 곳도 있었다. 나는 수시로 문을 닫고 싶었다. 하지만 당연히 공감해 줄 줄 알았던 남편은 별일도 아니라는 반응을 보였다. 내 전부를 노출한 채 지내는 동안 나는 늘 불안했다. 어머니와 종일 트인 공간에 함께 있어도 오히려 가슴이 답답했다. 당당히 문을 닫을 수 있는 화장실이 유일한 마음의 쉼터가 되었다.

어쩌다 슬그머니 문을 닫으면 바로 그 순간부터 문 뒤의 세상은 비현실처럼 느껴졌다. 고작 한 치 두께의 나무문이 그토록 놀라운 기능을 가졌다는 사실이 경이로웠다. 닫힌 문은 자유였다. 곧 끝나버릴 먹먹한 자유의 시간에 나는 그냥 '있고' 싶었다. 꼼짝하지 않고 누워 천장의 벽지 무늬를 세거나, 읽고 싶었던 책을 책꽂이에 꽂아 둔 채로 그저 바라만 보았다. 커튼이 바람에 너울거리거나 벽에 비친 나무 그림자가 천천히 움직이는 것을 지켜보았다. 그러면 신기하게도 온 집안을 종종거리던 내가 살며시 내 안에 들어와 다시 자리를 잡았다. 그럴 때 나는 나에게 많은 것이 궁금했다. 그러나 잠시 후 어김없이 어머니가 부르셨다. 다급한 음성에 놀라 뛰어나가 보면 저녁 찬거리로 무엇이 필요한지 정도를 묻는 사소한 용건이었다. 그러고는 문을 그렇게 꼭 닫고 있으면 답답하지 않냐 하고 물으셨다. 그렇게 물으시는 어머니의 얼굴이 정말 곱고 순진해 보여서 순간 내가 왜 그랬을까 하고 반성하였다.

어느 날 형님이 오자 어머니는 슬그머니 딸의 손을 잡아끌고 방으로 들어가셨다. 나는 쟁반을 들고 어머니의 굳게 닫힌 문 앞에서 한참을 주뼛거렸다. 어머니의 문은 그 순간 벽이었다. 방 안에서 들려오는 모녀의 다정한 얘기 소리는 나를 한없이 작아지게 했다. 그날 어머니는 다 식어버린 음식이 몹시도 못마땅하셨던 모양이었지만, 나는 어머니만 마음대로 여닫을 수 있는 문이 있다는 사실이 더 서운했다. 그날 이후 나도 문을 닫았다. 이제는 문밖에서 부르셔도 급히 달려 나가지 않았다. 깜박 잠든 척도 했다. 첫아이를 낳고는 아이를 재운다는 핑계로 더 일찍 문을 닫았다. 내 자유는 위태로웠지만 완강한 나의 문에 대해 어머니도 굳게 입을 닫았다.

그런데 예기치 못한 상황이 벌어졌다. 퇴근이 늦은 남편은 끝내 우리 방까지 다다르지 못했다. 어머니는 이제 나를 찾지도 않으시고 손수 남편의 밤참을 챙겨주는 모양이었다. 매일 무슨 할 말이 그리도 많은지 모자간의 대화는 끝날 줄을 몰랐다. 문 하나를 사이에 두고 남편을 기다리다가 잠이 드는 날이 잦아졌다. 남편은 문을 빼끔히 열어 얼렁뚱땅 인사를 하고는 마치 나를 위해 큰 배려라도 해주는 양 문밖에다 잠자리를 폈다.

그 해의 마지막 날 밤, 거실의 TV에서는 카운트다운 소리가 시끌벅적하게 들려오고 있었다. 새해가 시작되었음을 알리는 제야의 종소리는 다정한 모자의 덕담과 웃음소리에 묻혔다. 그날 남편과 어머니는 끝내 나의 방문을 두드리지 않은 채 그들만의 새해를 맞이하였다. 그들은 나를 잊었다. 문을 열고 나가고 싶었지만 나는 스스로 닫은 문 뒤에 갇혀 버렸다. 그 문은 누구도 대신 열어 줄 수 없었고, 열쇠는 처음부터 내 손에 있었다는 것을 그제야 깨달았다. 어둠 속에 웅크리고 앉아 어머님의 해묵은 쓸쓸함을 눈치챈 것도 바로 그때였다.

문으로 인한 실랑이는 그렇게 끝나는 듯했다. 내 마음의 문이 조금씩 열리기 시작한 것이다. 하지만 얼마 지나지 않아 어머니보다 훨씬 강력한 상대가 등장한다. 아이는 기기 시작하면서부터 나를 제 눈앞에만 두려고 했다. 엄마가 잠시만 안 보여도 자지러지게 울며 이방 저방을 찾아 헤맸다. 우리는 아이가 문틈에 손이라도 찧어 다칠까 봐 마음을 놓을 수 없었다. 급기야 화장실 문에 매달려 울어대는 아이 때문에 단 하나 남겨두었던 마지막 문까지 기쁘게 열어젖혔다.

어젯밤 딸아이 방에 어머님의 잠자리를 봐 드리고 나오며 방문을 반만 닫았다. 언제부터인가 나도 문을 열어 놓고 산다. 이제 어머니와 나 사이의 문에는 보이지 않는 말발굽 장치가 달렸다. 바람이 불어도 느닷없이 꽝 소리를 내며 닫히지 않을 믿는 구석이 생겼다. 아이들이 방문을 닫고 있으면 나는 천진한 얼굴로 묻는다. 문을 그렇게 꼭 닫고 있으면 답답하지 않으냐 하고…. 사람과 사람 사이에는 무엇이 있을까? 나에겐 멋진 말발굽이 달린 문이 있다.

속담 짓기

 재수 중인 큰아들에게 좋아하는 속담이 있느냐고 물으니 '고생 끝에 낙이 있다.'라는 대답이 돌아왔다. 곁에 있던 남편은 '윗물이 맑아야 아랫물이 맑다.'라고 한다. 제 방에서 공부하던 고3 딸아이는 '뜻이 있는 곳에 길이 있다.' 하고 막내아들은 '쥐구멍에도 볕 들 날이 있다.'라고 외친다. 제 발등의 불이 제일 뜨겁다더니 수많은 속담 중에서 당장 자기의 처지에 맞는 속담이 가장 마음에 와닿는 모양이다.
 초등학교 3, 4학년 때쯤 나는 속담 짓기에 골몰했었다. 어른들이 속담을 섞어가며 이야기하는 모습이 퍽 근사해 보였기 때문이다. 구구절절 말로 하면 길고 복잡한 상황을 단 한 마디로 명쾌하게 정리를 해버리는 속담의 매력에 흠뻑 빠져버렸다. 속담에 담겨 있는 깊은 뜻은 곱씹어 볼수록 틀린 말이 없다. 하지만 그 속담을 누가 처음 만들었는지, 언제부터 사용되었는지 알 수 있는 것이 거의 없다. 더구나 모두 오래된 것들뿐이다. 나는 새로운 속담을 만들기로 마음먹었다. 후손들에게 교훈을 줄 만한 속담을 지어서 길이길이 이름을 뽐내고 싶었다.

　멋진 속담을 지어내기 위해서는 사물을 유심히 관찰하고 연구하는 자세가 필요하다. 며칠 동안 공들여 발표한 내 첫 작품은 '힘들게 올라가면 내려올 때 쉽다.'였다. 그러나 이미 '오르막이 있으면 내리막이 있다.'라는 속담이 널리 사용되고 있었던 까닭에 큰 호응을 얻지는 못했다. 두 번째 작품은 '소나무는 겨울에 더 푸르다.'였다. 하지만 그것 역시 비슷한 속담을 들어 본 것 같다는 친구로 인해 성공하지 못했다. 그러나 그 친구는 끝내 어디서 들어봤는지는 증명하지 못해 나를 안타깝게 했다. '필통 속 지우개 1년 찾기'도 마찬가지 이유로 실패했다. 그것은 '업은 아기 3년 찾기'라는 속담에서 영감을 받아 만들었기 때문에 부끄러운 생각이 들었다.

　큰소리를 치고 시작한 일이 점점 어려움에 부닥치자 슬며시 오기가 생겼다. 그러고 보니 옛날에 태어나는 것이 훨씬 좋을 뻔했다. 남들이 미처 생각지 못했던 것들을 얼마든지 지어낼 수 있었을 테니 말이다. 나는 때를 잘 못 맞추어 태어났다. 그들은 나보다 먼저 태어났다는 이유만으로 어지간한 것들은 이미 다 만들어 놓았다. 그때는 말만 하면 명언이 되고 만들기만 하면 발명품이 되던 시절이었나 보다.

　세상은 내게 그리 호락호락하지 않았다. 내 주위에는 나보다 좋은 환경에서 태어난 사람들로 넘쳐났다. 더군다나 그들은 타고난 놀라운 재능과 경제력으로 자신이 선택한 부문에서 누구도 넘볼 수 없는 경지에 쉽게 도달하는 듯 보였다. 나는 음악, 그림, 문학을 비롯한 거의 모든 분야에서 초급을 벗어나지 못한 채 좌절했다. 뱁새가 황새를 쫓아가면 어찌어찌 된다더니 안간힘을 써 봐도 안 되는 것이 있었다. 나이를 먹을수록 하나씩 하나씩 꿈을 포기했다. 그래도 속담을 지어 보겠다는 꿈만은 용케 기억하고서 힘이 들 때마다 내 상황에 맞는 속담을 지어 보고는 했다. 내게 딱 들어맞는 맞춤 속담이 있다면 답답한 가슴이 시원하게 뻥 뚫릴 것만 같았다.

'뒷산은 더 높아야 보인다.'라는 속담은 심각하게 진로를 고민하던 시절에 달리는 버스 안에서 먼 산을 바라보다가 만든 속담이다. 모든 것이 불리한 조건에 놓여 있는 나를 뒷산에 비유했다. 비록 지금은 앞산에 꽉 막혀 있지만 열심히 노력하여 장애물을 훌쩍 뛰어넘어 보자는 결연한 의지를 담았다. 하지만 훗날 나는 이 속담을 '뒷산도 뒤돌아가서 보면 앞산이다.'로 바꾸어 버렸다. 불행이라고만 생각했던 일이 오히려 다행으로 여겨질 수 있다는 것을 깨닫고 나서였다.

'큰 풀을 뽑으면 작은 풀이 보인다.'라는 속담은 우리 부부가 어린 세 아이를 데리고 팍팍한 도시를 떠나 귀농했을 때 만든 속담이다. 우리는 책에서나 보았던 농기구를 들고 비탈진 돌밭에서 진땀을 흘렸다. 아이들은 밭둑에 펴 놓은 돗자리 위에서 저희끼리 놀아야 했다. 그때 흙투성이가 되어 울며 보채는 막내를 둘러업고 다시 밭으로 들어가면서 평생 이렇게 살 수 있을까 하는 생각을 했다. 이 속담은 그날 뽑고 또 뽑아도 도저히 감당할 수 없던 풀을 보며 만들었다. 당장 큰 근심을 해결한 듯해도 얼마 지나지 않아 새로운 걱정거리들이 끊임없이 생겨난다는 뜻이다. 그런데 살다 보니 불가능해 보이기만 하던 일들도 큰일부터 하나씩 풀어나가면 작은 일들은 미리 대비를 할 수 있어 조금 수월하다는 의미로도 해석할 수 있었다. 큰 풀을 뽑을 때처럼 엉덩방아를 찧지 않고도 잔풀들은 비교적 쉽게 없앨 수 있기 때문이다.

처음 속담을 지어냈던 옛사람들은 나처럼 멋진 속담을 만들어 보겠다고 작정하고 덤벼들지는 않았을 것이다. 속담은 고달픈 일생을 묵묵히 살아낸 백성이 자신들이 겪어 온 삶의 체험을 가장 쉽고 단순한 말로 응축해 낸 것이다. 속담에는 풍자와 해학이 들어있으며 재치와 슬기가 담겨 있다. 가끔은 그 속뜻이 되바라져 보이기도 하고 투박하기도 하지만, 천재도 부자도 아닌 사람들이 이루어낸 또 다른 형태의 삶의 '경지'인 것이다.

우거진 수풀도 걸어가는 사람이 많으면 길이 되듯이, 속담 또한 누군가 처음 쓴 말에 공감하여 그 말을 따라 하는 사람들이 많아지면서 소박한 오솔길이 생겨난다. 그 길이 비록 좁고 초라할지라도 오랜 세월 수많은 사람의 경험을 통해 이미 검증을 마친 길이므로 종종 우리를 먼 길로 에돌아가지 않게 도와주는 지름길이 되기도 한다. 속담은 내가 더 이상 특별하지도, 다른 사람들보다 크게 뛰어나지도 않다는 것을 인정하게 하여 안도감을 준다. 아무리 힘든 일도 언젠가는 세상의 법칙대로 잘 마무리될 것이라고 기대하게 한다. 누군가 툭 던진 말 한마디가 뜻밖의 위로가 될 때처럼 마음을 쓰다듬어 주곤 한다.

겨울을 지내보아야 봄 그리운 줄을 안다더니 몇 번의 고비를 넘기고서 갖게 된 요즘의 작은 여유가 소중하게 느껴진다. 문득 지금이야말로 그동안 포기했던 것들에 다시 도전해 볼 수 있는 좋은 때라는 생각이 든다. 잘난 사람들의 기세에 눌려 황급히 접었던 어릴 적 꿈들을 다시 꾸어봐야겠다. 지금 나에게 가장 어울리는 속담은 무엇일까? 이제는 이름을 드날리고 싶은 욕심조차 사라졌으니 홀가분하게 멋진 속담 하나 짓고 싶다.

카니발

　주행 중인 자동차의 와이퍼 밑에서 작은 종이가 펄럭인다. 출발한 지 10여 분이나 지났는데 이제야 그것이 눈에 띈 것도 이상하지만 거센 바람에 날아가지 않고 그리 단단히 끼워져 있는 것도 신기했다. 한적한 갓길에 차를 세우고 메모지를 읽어보니 예상한 대로 누군가 내 차에 흠집을 내어 사과하는 글이었다. 삐뚤빼뚤한 글씨. 내 차에 부착된 주차스티커의 전화번호가 번져서 보이지 않아 할 수 없이 메모를 남긴다는 말도 장황하게 적혀있었다. 맨 아래에는 전화번호 적는 것도 잊지 않았다. 아마도 어젯밤 늦게 주차하거나 차를 돌려 나가다가 실수한 모양이었다.
　대수롭지 않을 거라 짐작하면서도 찬찬히 차를 둘러보았다. 역시나 큰 문제는 없어 보였다. 아니 더 정확히 이야기하면 너무도 많은 긁힌 자국 때문에 새로 생긴 흠집을 찾을 수 없었다. 본의 아니게 오래간만에 내 차의 상태를 자세히 들여다보았다. 수없이 많은 생채기가 눈에 들어왔다. 크고 작은 상처마다 가슴이 철렁할 정도로 위험했던 찰나와 어처구니없는 실수에 아차 하던 순간이 날카롭게 새겨져 있다. 차가 이 지경이 되도록 방치한 이유는 무심한 성격 탓도 있고 번거로운 게 싫어 애써 외면한 까닭도 있을 것이다.

바로 전화하여 괜찮다고 하니 기뻐할 줄 알았던 사람이 오히려 나에게 그러시면 안 된다고 말한다. 아들 또래로밖에 보이지 않는 목소리였다. 어쩌면 그는 내게 무슨 꿍꿍이셈이 있을지도 모른다고 생각하는 것 같았다. 다시 찬찬히 설명해 주었다. "제 차가 워낙 오래되어 더한 긁힘도 많아서 괜찮습니다." 그래도 그는 한참을 난처해하더니 감사하다고 거듭 인사하며 급기야 내게 복 받으시라는 덕담까지 하고서야 상황은 종료되었다.

구매한 지 18년이나 된 카니발은 우리 가족과 함께 파란만장한 시간을 보냈다. 요즘도 낮에는 농사일에 불려 나가고, 밤이면 학원 일에까지 동원된다. 사람으로 치면 8·90은 되었을 나이에 그야말로 혹사가 따로 없다. 한동안은 낚시에 빠져 물가에 자주 놀러 가곤 했었는데 요즘은 사람도 차도 일만 하고 있다. 오랜 시간 카니발과 함께하는 동안 좋은 일 만큼 힘겨운 일도 많았다. 아이들이 처음 집 떠나 기숙사로 짐을 옮길 때도, 아버님이 밤늦게 응급실에 가실 때도…, 악기 짐이 많은 큰아들이 서울로 입성할 때도, 막내가 군대에서 다쳤다는 연락을 받고 급히 강원도로 달려갈 때도 우리와 함께 있었다. 성당 신자들, 학원 학생들, 지인들, 친구들, 직장 동료들. 지금까지 수많은 사람이 내 차를 이용했고 과연 이게 실릴까 하는 커다란 식탁과 냉장고도 척척 실어 날라 우리를 놀라게 했다. 속상할 때는 차에서 울었고 아픈 친구를 위해 운전하면서 큰소리로 파이팅을 외쳤다. 가슴이 터질 듯 답답할 때는 소리소리 지른 적도 있었고 또 어느 날에는 우아하게 시 낭송하기도 했다. 비 오는 날 공원 근처에 차를 대 놓고 따뜻한 커피를 마시며 책을 읽으면 그렇게 좋을 수가 없다. 그럴 땐 바로 나만의 카페가 된다. 가끔 아무에게도 할 수 없는 말을 털어놓기도 한다. 그는 내 모든 것을 속속들이 다 알면서도, 언제나 묵묵히 내 말을 들어 주었고 끝까지 비밀을 지켜 주었다.

신부님을 모시고 산 너머 공소에 가는 날에는 자동차의 숨소리가 더 거칠게 느껴진다. 언덕을 오를 때마다 나도 카니발도 잔뜩 긴장한다. 이제 축제를 끝낼 시간이 머지않은 모양이다. 이 세상 그 무엇과도 언젠가는 반드시 이별해야 한다지만 헤어질 그날을 생각하는 것만으로도 가슴이 먹먹하다. 카니발을 떠나보내는 날 멀어져가는 뒷모습을 제대로 바라볼 수 있을지…. 어느 날 갑자기 인사도 나누지 못하고 이별하기 전에 멋진 곳에 자주 데려가 시간을 보내고 싶다. 푸른 새벽안개 낀 낚시터도 좋고 앞이 탁 트인 나지막한 언덕도 좋겠다. 같은 풍경을 바라보며 오랫동안 가만히 있고 싶다. 함께 한 모든 날이 축제였다고 말해 주고 싶다.

발문

문학이 향기가 되는 순간
-전현주의 수필을 말하다

반숙자
수필가

자기가 좋아하는 일을 찾아내고 그 일에 최선을 다하는 삶은 풍요롭다. 자아 충만감이 있으니 성공한 삶이다. 쭉정이 없는 알곡을 한 편 한 편 읽어가며 놀라움과 은은한 감동으로 깊은 향기를 느꼈다. 향기는 눈에 보이지 않지만, 자분자분 주변을 물들이듯 수필이라는 그릇에 담은 차원 높은 사유가 이처럼 마음과 영혼을 울리는 힘이 있음을 발견했다. 좋은 수필은 좋은 향기처럼 삶을 깊고 풍요롭게 채워주는 감성의 예술임을 전현주의 작품이 증명한다. 일상의 평범함을 비범하게 만드는 성찰의 힘이 특별하다.

전현주는 2015년 『월간문학』 수필 당선으로 문학계에 입문했다. 문학단체 활동은 물론 『충청타임즈』 오피니언에 2016년부터 현재까지 칼럼을 집필하고 있으며, 그림을 배워 미술대전에 출품하고 동화구연지도사로도 활동하며 성당에서는 없어서는 안 될 사람으로 봉사하고 있는 중진 작가다.

내가 작가를 만난 것은, 그의 작품 「예정된 만남」에 잘 그려져 있다. 원체 조용한 성품이라 가까이 다가오지 않고 같은 성당 교우로 지내던 어느 날 수필 교실에 나타났다. 그 사이 10여 년의 세월이 흐른 지금 단 한마디로 이분을 표현하라면 향기로운 사람이다. 요란하지 않게 따뜻하고 세월이 흐를수록 더욱 소중해지는 한결같은 사람, 가족을 사랑하고 이웃을 보듬는 넉넉한 품성을 지닌 분이다. 본인이 추구하는 문학관이 "좋은 생각을 하며 따뜻한 사람으로 살고 싶다. 그리하여 내 글을 읽는 사람들의 마음까지도 훈훈해졌으면 좋겠다." 이런 품성은 삶의 현장에서도 드러난다. 문인협회나 성당 행사 기념사진을 보면 항상 맨 뒷줄에 있고, 직책 활동도 있는 듯 없는 듯해도 조용히 야무지게 해낸다. 한마디로 향기 같은 사람이다.

작품을 살펴보면 예사롭지 않다. 그것은 특별나다는 의미이지만 그 색깔이 다르다. 튀지 않는다. 자신이 가지고 있는 지식이나 경험에 대해 수준을 벗어나지 않으면서도 자꾸자꾸 읽게 만드는 묘한 감동이 있다.

전현주 작가의 작품은 첫째 가족 이야기다. 두 번째는 그림과 꽃에 대해 관심이 많고 거기에 따른 지식이 놀랍다. 세 번째는 삶의 조각들이 요란스럽지 않게 조리 있고, 깊고 간결하게 표현되었다. 이러한 세 가지 유형의 글들이 남기는 발자취가 모래에 새긴 글이 아니고 독자의 가슴에 인각印刻 되는 감동을 안겨준다.

1. 깊이 스며드는 감동을 안겨주는 글로 「그림 같은 세상」, 「바보의 조건」, 「텔레파시」가 있다. 작가는 창문이 많은 방에서 그림을 그린다.

그림을 그릴 때마다 벽에 창을 하나 낸다고 생각한다. 뿐만이 아니다. 그 그림 속에 있는 자신은 현재의 자신보다 조금 더 멋지다고 생각한다.

내가 들어가 머물러야 할 곳이기에 어떤 그림을 그릴까 천천히 고민하는 시간이 참 좋다. 마음이 편안한 시기에는 정물화를, 혼란스럽고 바쁠 때는 풍경화를 그리는 경우가 많다. 멀리 떠나고 싶어서일까. 짬짬이 그림을 그리며 작업 중인 그림에 빠져들어 있는 시간 동안 천국과도 같은 평화를 맛보기도 한다. 그림은 아무 말 없이 내 마음을 다독여 준다.
―수필 「그림 같은 세상」 중에서

작가는 그림을 그리며 색의 조합으로 이루어지는 무수한 색들의 향연에서 벅찬 자유를 느낀다. 완벽한 직선도 순수한 흰색도 없는 세상이 너무도 아름다워 '그림 같은 세상'이라 하는 작가의 자유로운 영혼을 만난다. 이러한 사유는 유동流動해서 더 큰 감동을 준다.

내가 그리고 싶은 대상을 마음먹은 대로 표현할 수 없다는 것을 아는 것은 초라한 내 운명을 받아들여야 했던 것과 비슷하다. (중략) 그러나 경지에 오르지 못할 것임을 뻔히 알면서도 노력하고 있다는 것은 얼마나 간절한 바람일까.
―수필 「그림 같은 세상」 중에서

「바보의 조건」은 원고지 30매 정도의 대작이다. 자서전 같은 흐름이나 이 글에 담긴 철학이 놀랍다. 작가는 밤사이에 눈이 내린 날 아침에 나가보니 누군가 차에 '바보'라고 낙서를 해 놓은 것을 보고 유년으로 돌아간다. 서두가 자연스럽고 기억이 다채롭다. 네 살 무렵, 엄마와 오빠와 함께 처음으로 버스를 타고 가는 길이다. "엄마, 나무가 뛰어가요. 전봇대가 껑충껑충 달려가고 있어." 그러고는 사람들이 뒤로 걸어가고 있다고 소리친다. 그날은 강원도에서 서울로 이사를 오던 날이었다. 그 후 꽃씨로 알고 알록달록한 단추를 심고 생선 뼈를 심었던 일, 선생님이 미술 시간 준비물로 풀을 가져오라고 하자 화단의 풀을 뽑아가서 학급의 공식 바보가 되었던 일, 그렇게 세월이 흐른 지명의 나이에 얻은 바보의 조건이 차원 높은 경지를 보여준다.

바보는 마음이 편안하다. 바보는 자기 몫이 적어져도 화를 내거나, 남보다 더 많이 차지하기 위하여 머리를 쓰지 않는다. 오히려 함께 가지게 되어 기뻐한다. 〈중략〉 바보는 당당하다. 바보는 다른 사람의 눈치를 보지 않는다. 남을 부러워하거나 시샘하지 않는다. 설사 어쩔 수 없이 실패하더라도 최선을 다했기에 후회가 없다. 바보는 즐겁다. 그래서 잘 웃는다. 그것이 바보가 늘 흥얼거리는 이유다.

-수필 「바보의 조건」 중에서

찬찬하게 풀어내는 바보의 조건이 참 매력 있다. 작가는 지금도 부지런히 뛰어다니고 노을을 만나면 벅차고, 뿌옇게 흐린 밤 가섭산 정상의 송신소 불빛을 UFO로 착각하고 혼자 깜짝깜짝 놀라지만 그의 내면은 누구보다도 풍요롭고 맑은 평화로 가득 차 있음을 느낀다. 그러면서도 자신은 진짜 바보가 아니라 가짜 바보라고 스스로 고백한다. 그 겸양의 경지가 아득하다. 이것이 수필이 갖는 정화이고 궁극적으로 도달해야 할 문학의 자리가 아닐까.

2. 삶의 의미와 감정을 풍요롭게 하는 글은 이 책의 표제인 「움직이는 정원」이다. 제목만 보고서는 어떤 글일지 감이 잡히지 않았다. 땅에 박힌 정원이 어떻게 움직인다는 말인가. 이건 분명 역설이 아닐까. 호기심이 들었던 작품이다. 작가는 유독 꽃을 좋아한다. 시골집 마당에 온통 꽃나무를 심어놓고 자주 들여다보고 가꾼다. 그런데 그 꽃들이 다 움직인 꽃이다.

지금 내가 소유하고 있는 것 중 처음부터 내 것이었던 것이 하나라도 있을까. 친구가 소담스러운 꽃방석에서 크게 한 귀퉁이를 뚝 떼어 나눠준 패랭이꽃, 집에 아무도 없을 때 대문 밖 울타리를 따라 심어놓고 간 뒷집 아주머니의 접시꽃, 불편한 몸으로 힘겹게 걸어오셔서 예쁘게 키워 보라며 주고 가신 이웃 할머니의 사랑초, 옆 마을 성당 신부님이 급히 화단에서 씨를 받아 한 주먹 쥐여주신 샤스타데이지…. 그렇게 나와 인연이 맺어진 꽃들은 매년 찬란한 향기와 빛깔로 자신이 이곳에 머물게 된 사연을 속삭인다.

—수필 「움직이는 정원」 중에서

 이 문장을 읽을 때 저절로 미소가 지어진 것은 아름다움을 나누는 이웃들의 마음이 향기로워서다. 그보다 앞서 작가는 이웃에게 꽃을 받기 전 자신의 상황을 먼저 살폈다. '처음부터 내 것이었던 것'에 대한 사유다. 원점에서 출발한 사유가 도달한 곳은 어디일까. 이것은 꽃을 통해 삶의 이치에 다다르는 격 높은 통찰이다. 우리가 문학으로 도달하고자 하는 드높은 지점 바로 거기가 아닐까. 다음 문장을 살핀다.

 봄마다 내 정원은 조금씩 움직인다. 나는 식물들이 가지를 더 넓게 펼칠 수 있도록 포기를 나누어 간격을 띄우고, 뿌리를 마음껏 뻗을 수 있게 솎아서 옮겨 심는다. 잘 말려 건사해 두었던 씨앗을 아랫마을까지 내려가 뿌리거나 식구가 늘어 복닥대는 알뿌리를 슬쩍 분가시켜 주기도 한다. 그렇지만 정원을 움직이는 방법 중 가장 놀라운 비법은 다른 사람들에게 꽃을 나누어 주는 것이다. 내 정원은 꽃을 사랑하는 사람을 따라 확장된다. 내가 거저 받아 정성스레 길러온 꽃들은 옮겨간 곳에서 천천히 뿌리를 내리며 기꺼이 더 넓은 세상으로 퍼져나갈 것이다.

—수필 「움직이는 정원」 중에서

여기에 한 꼭지 더 확대된 정원을 살펴보면 바로 가정이다. 「달은 네 박자」에서 보면 음악을 전공하는 큰아들의 이야기가 나온다. 가난했던 시절 무리하면서까지 피아노를 사고 자녀들은 피아노를 즐겨 배웠다. 그중에도 맏이는 끝까지 노력해서 현재 음악을 만드는 사람이 되어 그의 음악은 드라마와 영화에도 나오고 음악계의 주목을 받고 있다. 저마다 꿈을 위해 피나는 노력을 하는 삼 남매, 그들이 어린 시절 '달은 네 박자'라던 동심이 일궈낸 또 하나의 정원이다.

이러한 화목한 가정이라는 정원의 초석은 바로 작가의 어린 시절 친정아버지가 사주신 시계가 시간의 선물임을 알아차림으로부터 시작되었다. 작품으로 「아버지의 선물」과 「2월 30일」이다. 작가는 음력 2월 30일에 태어났다. 달력에도 없는 그날로 인해 어려서부터 많은 혼란을 겪는다. 그 곁에는 일생 진짜 생일이 몇 번 없는 아내를 위해 미역국을 끓이고 장을 봐 다가 생일상을 차려주는 남편이 있다. 가만히 들여다보면 신앙을 가진 가족의 신뢰와 헌신이 바로 글의 중추임을 알아차린다.

어쩌면 생일은 '내가 이곳에 있다'라는 좌표인지도 모른다. 허공에 떠 있는 수많은 별은 아무런 장치 없이 제 무게를 견디며 그 자리를 지킨다. 한자리에 붙박인 채 비바람과 눈보라를 버텨낸 나무들은 속살에 새겨놓은 테로 전부를 기억하면서도 의연하게 침묵한다. 그러나 무시로 자신의 존재를 잊고 헤매는 우리 인간들은 일 년에 단 하루만이라도 자기의 자리를 다시 확인시켜 줄 기준점이 필요한 모양이다. (중략) 이제 내 생일은 무조건 음력 2월의 마지막 날이다. 비록 그중 절반이 가짜라 해도 지금은 괜찮다. 일일이 칸을 세어보지 않아도 쉽게 자리를 찾을 수 있는 나이가 된 것일까. 나로 인해 생겨난 좌표의 점들과 나의 점 사이에 인력이 작용하여 서로 길을 잃지 않도록 끌어당겨 주는 것일까.

-수필 「2월 30일」 중에서

작가는 여기서 가정이라는 울타리 안에서 서로를 인정하는 끈끈한 인력을 넌지시 보여준다.

3. 사람과 사람을 연결하는 다리 역할의 글로 「작은 교회」를 살펴본다. 이 글은 짧은 한 편의 수필이지만 산 이가 죽은 이를 기억하는 서로 다른 모습을 통해 기억의 다양성을 보여주는 의미 깊은 글이다. 글은 교통지옥이라는 우리나라의 현실로부터 출발한다. 차를 몰고 가며 만나는 '교통사고 다발 지역' 또는 '사망사고 발생지점' 표지판을 보며 그리스를 여행할 때 도로변에서 나무로 만든 작은 우체통 같은 구조물을 보고 느꼈던 사연을 언급한다. 요즘은 여행 만능 시대다. 많은 작가가 여행 수필을 발표한다. 여행지에서 보고 듣고 맛보고 부딪치며 그 나라의 역사와 문화를 언급한다. 그러나 진정한 여행은 내면화에 있다. 전현주 작가는 작가다운 시선으로 사물을 바라보고 현실화해서 글로 쓴 점이 공감대를 넓혀주었고 의미화에 성공한다.

그것이 세워진 곳은 교통사고 지점으로 유가족이 설치하여 해마다 피해자를 추모하는 용도이고 이름은 '작은 교회'라 한다. 작은 교회는 크기도 모양도 제각각이었다. (중략) 그리스의 작은 교회가 우리나라의 사망사고 발생지점이라는 표지판과 비슷한 쓰임새인 것도 같지만, 우리의 표지판이 경각심을 느끼게 하는 것이라면, 작은 교회는 경건한 마음을 갖게 한다.
—수필「작은 교회」중에서

작가가 폴란드의 어느 행사를 보고 쓴 글이다.

매시간 정각이 되면 나팔수가 나팔을 부는데 잘 연주하다가 갑자기 음악을 뚝 멈춘다. 의미를 모른다면 어리둥절할 수밖에 없겠지만 대부분 사람은 그 뜻을 알고 숙연해진다. 그것은 옛날에 몽골이 침략해 왔을 때 경보 나팔을 울리다가 목에 화살이 꿰뚫려 죽은 나팔수를 추모하는 이벤트라고 한다. 촌각을 다투는 위급한 상황에서도 나팔수는 끝까지 도망치지 않고 자리를 지키며 위험을 알려 많은 사람의 목숨을 구해냈다. 음악이 끊어진 곳은 바로 그가 사망한 순간이다.
—수필「작은 교회」중에서

작가는 여행 중에 목격한 사물을 소재로 삼아 우리에게 메시지를 남긴다. 불의의 사고로 떠난 사람을 기억하는 방법은 다양하지만 중요한 것은 살아있는 사람의 몫에 대해서다. 작가는 운전 중에 사망사고 발생지점 표시판이 보이면 조용히 성호를 그으며 돌아가신 영혼의 안식을 위해, 그의 남겨진 가족들을 위해 그리고 지금 나와 같이 길 위에 있는 모든 운전자의 안전을 위해 잠시 기도하며 그곳을 지나간다. 작가의 세상을 향한 따뜻한 시선이 여운을 남기는 글이다. 수필은 사건만 있는 신문 기사가 아니다. 소재를 어떻게 형상화하느냐에 따라 서사 수필, 서정 수필, 철학 수필의 형태를 지닌다. 수필은 작가의 특유한 독백의 문학이되 더 넓게 퍼져나가서 타인의 가슴을 두드리고 그것이 공명의 물결로 사회를 밝히는 불빛이 된다.

4. 우리는 혼자가 아니다. 자신의 이야기에서 확대되어 이웃으로 사회로 퍼져나갈 때 비로소 인간 존재의 본질과 삶의 의미를 탐구하고 작가와 독자가 만난다. 그리하여 서로에 대한 이해와 연민을 키우게 되는 문학의 궁극적 목표에 도달하게 된다. 그래서 작가는 안으로 향하는 시선을 밖으로 돌릴 필요가 있다. 억지가 아니라 일상에서 자연스럽게 관심과 의미확대를 꾀해야 한다.

「디카 시」를 살펴본다. 사진과 시가 반반씩 융합되어 어떤 메시지를 전달하는 것으로, 작가의 집 정원에 있는 죽은 벚나무와 그 옆에 심은 능소화가 서로 어울려 이뤄내는 결과가 참으로 아름답다.

헌화(獻花)
너의 죽음이 나를 살렸어

내가 무성해질수록

너는 점점 스러져

미안해

너에게 이 꽃을 줄게

-수필 「디카 시」 중에서

여기서 작가는 장기기증이라는 단어가 떠올라 이 시를 마무리했다고 했다. 준비된 사람만이 느낄 수 있고 표현할 수 있는 글이어서 더욱 인상 깊었다.

작품 「게릴라 가드너」를 살핀다. 작가는 가방에서 나온 구겨진 종이컵에 든 씨앗으로부터 어렸을 때 기억을 소환한다. 엄마다. 엄마는 꽃씨를 모으고 그것을 이웃과 나누고 집 화단이며 마을 공터에 심는다.

도시의 버려진 공터나 쓰레기가 쌓여 있는 곳을 찾아내 꽃을 심는 사람들을 게릴라 가드너라고 부른다. 요즘은 도시마다 조직을 꾸려 활발히 움직이는 추세다. 주로 사람들의 왕래가 뜸한 시간에 활동하는 까닭에 '게릴라'라는 별난 이름이 붙었다. 우선 몇몇 요원들이 대상지를 탐색하고 대원들에게 집결 시간을 공지한다. 작전은 일사불란하게 이루어진다. 모종과 거름흙과 물을 준비해 온 전사들은 신속하게 각자 맡은 구역을 청소하고 꽃을 심고 즉시 퇴각한다.

-수필 「게릴라 가드너」 중에서

작가는 이 놀라운 사실을 과장 없이 찬찬히 소개한다. 자신이 관여했다는 설명은 없다. 그러나 독자의 상상력은 다음 문장에서 완전히 공감의 만족에 다다른다.

> 간단한 공격에 비해 결과는 놀랍다. 사람들은 어느 날 아침 늘 지저분하던 자리가 꽃밭으로 변해 있는 광경을 보게 된다. 더 놀라운 것은 이제 그곳에 아무도 쓰레기를 버리지 않는다는 사실이다. 그 꽃을 바라보는 사람들의 마음마저 따뜻하게 하는 것이야말로 게릴라 가드너의 궁극적 목적이 아닐까.
>
> ―수필 「게릴라 가드너」 중에서

작가에게 첫 작품집은 첫아이가 주는 의미만큼이나 크다. 실수하고 다독이며 첫 아이를 키우듯 처음 작품집을 준비하는 마음도 같을 것이다. 등단 후 10년 만에 엮는 이 수필집이 사진첩 뒷자리에 서 있는 작가를 조용히 불러내어 천지에 진동하는 향기의 원천임을 알려줄 것이라 믿는다.